中山マコト

# 神1行《かみいちぎょう》

## 『バカ売れ』する言葉の作り方

装幀：高岡直子

# はじめに

この本は、

**◆自分のビジネスを、大きなお金や人を使うことなく、もっともっと大きくしたい！**

**◆書くことを通じて収入を得たり、副業として成立させたい。**

**◆書いて伝えるチカラをつけることで、会社に貢献したい！**

という人のために書かれました。

あなたの書いた1行のチカラで、続々とお客さんがやって来て、毎日行列を作り、商品が羽が生えたように売れ、サービスが一気に普及し、会いたい人が次々にやって来る。

そうなったら嬉しいですよね？

で、実際にそんな状態を生み出している人・会社・店……、たくさんあります。

私の教え子の多くはそれを実現できています。

まさに〝神のチカラを持った1行〟＝神1行が持っているんです。人を呼び込む力を。
これ……欲しいですよね？
あったとしたら鬼に金棒、ルパンに峰不二子です。

**さて、では、どうすれば、その神1行を生み出せるのでしょうか？**

神1行を生み出すために、一番大切なことを言います。
その、最大のポイントは？

**〝視点転換〟です。**

見慣れない言葉が出てきて面食らっていますか？
お金に換わらない、売れない文章しか書けない人は、例外なく、この〝視点転換〟ができていないんです。

視点転換。

意味を説明しましょう。

**一般的に、人が言葉を使う時、視点は、自分から相手に向いています。**

これは、当然です。要するに、一人称。言い換えれば、

**私はね……、という視点です。**

仮に、「あなたはね……」と、あなたスタートの書き出しであっても、視点はあくまで、「あなたは○○だと私は思う！」と、〝私は〟というところにあるわけです。

**自分は、これを言いたい！　伝えたい！　知って欲しい！**

と思って書くわけです。

**これがすべての元凶です。**肝心なのは、

**◆あなたが知りたいのはこれでしょ？**

**◆これ、あなたの役に立ちそうでしょ？**

**◆あなたが求めていたのは、これじゃないの？　と、**

## 相手＝読み手視点に置き換えること。

それがすべてです。

例えば、

『〇〇山麓のミネラルウォーター出ました！』

というコピーが、仮にあったとします。

この水を発売したメーカーにすれば、

〝〇〇山麓〟

という、水が採れた地域を示す言葉が最大の売り物です。

阿蘇山でもなく、京都の山科でもなく、兵庫六甲山でもなく……。

やっと見つけた、やっとの思いで辿り着いた、

〇〇という山麓の水！

という部分を強調したいわけです。

ですが、受け取る側から見たらどうでしょう？

正直、「どこの水だろうと、どうでもいい！」わけです。

**どこで採れた水であるかは重要ではなくて、肝心なのは、**

**〝どんな水か？〟**　ということ。

一時、ミネラルウォーターの硬水のブームがありましたし、外国産のある超硬水が**ダイエットに効果的！**と言われたように、水には特性差があります。

お客さんが知りたいのは、その、

〝特性が自分に合うのかどうか？〟

なわけです。

お客さんが知りたいのは、

**◆自分にとってどんなメリットがあるのか？**

**◆自分がこの水を買う価値があるのか？**

という、その点なのです。

さて、ここでこの水のコピーを、こう変えてみたらどうでしょうか?

**「サプリメントやクスリを飲むのに適しています」**

あ、良さそう！　安心できそう！と感じますよね。

この瞬間、

**どこで採れた水なのか?**

という件は、どうでもよくなる。

圧倒的に、〝欲しい水！〟になってしまう。

要は、〝**視点転換**〟が起こるんです。

これが、〝**神1行！**〟です。

〇〇の水という、**100%自分視点**から、グググッと視点の重心が移動して、一気に、**100%相手視点**に変わるわけです。

これが、視点転換のチカラです。

本書は、あなたに、この〝**視点転換の妙**〟を身につけていただき、あなたが書く1行を、**一瞬でお金に換わる神1行**に変質させる、**錬金術**を伝授する本です。


あ、自己紹介が遅くなりました。

中山マコトと申します。

ずっとマーケティング、コピーライティングの世界で仕事をしてきました。

著書も本書で49冊目になります。

が、周囲を見渡すと、コピーライティングの本はたくさん出ていますが、この〝**視点転換**〟について書かれた本はありません。

ビジネスをやるに当たって、しかも「書いて売る」に当たって、一番重要なことなのに……です。

これでは日本中のビジネスパーソンが、真の「書くチカラ」をつけることはとうていできません。

だからこの本を書こうと思いました。

あなたに、真の「書くチカラ」をつけて欲しくて書きました。

ぜひ、底力をつけてビジネスを加速させてください。必ずできますから……。

さあ、神1行劇場の幕開けです。

神1行『バカ売れ』する言葉の作り方

# 目次

目次

## 第5章 驚くほどお客さんが増える〝神1行〟の作り方 121



## 第6章 〝神1行〟を極める！ コンプレッション・フレーズのための5つの法則 131

目次

# 第1章

## プロが分析！
## 街で出会ったすごい〝神1行〟！

気づく気づかないにかかわらず、街を歩けば素晴らしい神1行に出会うことができます。

だとしたら……気づいたほうがいいですよね？　お得ですよね？

どうしたら気づけるのか？　そんな視点で読んでみてください。

エピソード❶　東京駅で見つけた〝神1行〟

# 風邪はなおった。咳は残る！

行動心理学のひとつに、カクテルパーティ効果という心理効果があります。

これは、カクテルパーティの会場のように混雑していて騒がしい場所でも、人は「自分に直接関係のある言葉は、離れていても耳に飛び込んでくる！」というものです。

この効果は、音や声だけではなく、目に見えるモノでも同様で、**人は気になっているモノがあると、目のセンサーがそれを捉えてしまう**ことがあるということなんですね。


で、東京駅のお話です。

東京駅の丸の内と八重洲を繋ぐコンコースに一軒のドラッグストアがあります。

小さな店で、正直、さほど目立ってはいないお店です。が、この店の店外に貼られている

ＰＯＰの威力がすごいんです。


ある時、私は急ぎ足でそのコンコースを歩いていました。

しばらく前にやられた風邪の影響で、正直、体調はまだまだ、本調子ではありません。

そのドラッグストアの前を通ると、唐突に「ある言葉」が目に飛び込んできたんです。


**「風邪はなおった。咳は残る！」**


というコピーです。

私の足はそのコピーを読んだ瞬間、急ブレーキを踏みました。

優秀な衝突回避支援システム並みの急ブレーキでした。

どうしてか？というと、まさにそのコピーで指摘されている状態が、私の状態そのものだったからです。

私は、よく風邪を引きます。それは、「も〜、またか！」と周囲から言われるくらい風邪を引きます。

そしてそのたびに、この、

**「風邪はなおった。咳は残る！」**

という状態を味わいます。

私は今、こうして原稿を書いていますが、この執筆以外に、人前で話す「講演」「セミナー」の仕事も多く抱えています。

そしてそのたびに思うんです。

「咳だけ止まらないな～」と。

そんな私の、日常茶飯に感じている思いを、この1行はズバリ！と突いてきました。

「これ、あなたでしょ？」と。

私はそのまま右旋回して、そのドラッグストアに入り、「表に貼ってあるコピーの薬ください！」とスタッフに伝え、すぐに買って次の目的地へと向かいました。

カバンの中に入れたその薬が実に頼もしく感じられました。

これが神1行のチカラです。

**相手を想定し、その相手が「それ私のことです！」とか、「私のために書いてくれた？」と感じてくれたらそれでOK。**

**まさにカクテルパーティ効果です。**

このお店、それ以降もよく前を通るので、気にして見ていますが、実に上手です。

次々に新しい神1行を繰り出してきます。

実に楽しいいし、実に真似したくなります。

エピソード❷ 某パソコン教室の看板の〝神1行〟

# 100回同じ質問をしても、100回笑顔で答えます！

あるパソコン教室を運営している会社のインストラクターに個別アドヴァイスをした時のことです。

彼女はこう言います。

「シニアのお客さん、たくさん来てくださるのはいいんですが、どうも定着しないんですよ！」と。

で、詳しくお話を聞いてみると、どうも、シニアの方は若い女性インストラクターに気兼ねというか、遠慮があるらしいんです。

要は、高齢な故に、どうしても同じことを何度も質問してしまう。

そして、勝手に「同じことを何度も訊いたら、嫌がられるだろうな～」とか、「心の中で舌打ちされてるんじゃないかな？」と疑心暗鬼になってしまう。

で、結局それが積もり積もって行かなくなってしまう。

という悪循環があるんじゃないか？というわけです。

私はそれを聞いて、「確かにそうかもな！」と思いました。

そしてその彼女に、「『何度質問しても大丈夫だから安心して通ってよ』というメッセージを堂々と出せばいいじゃん！　必ず通じるよ。だってお客さんは疑心暗鬼になってるだけなんだから、そこを安心させてあげればいいんだよ！」みたいな話をしたんです。

それから半年後。私の地元を自転車で走っていると、ある看板が目に飛び込んできました。その看板は、某パソコン教室のもので、先ほどお話しした彼女が所属する会社です。

で、その看板に何が書かれていたのか？というと……。

## 「100回同じ質問をしても、100回笑顔で答えます！」

お見事！　私は思わず快哉を叫びました。

よくここまで辿り着いたな～というのが率直な気持ちでした。

このフレーズ以上に、シニア層でパソコンを習いたい人に刺さる言葉はない！と思ったからです。

彼女が仮説として抱いていた、シニア層が定着しない原因、ボトルネックを見事に断ち切ってみせたこのコピー、素晴らしいです。

そしてもうひとつ。

このコピーはシニアを意識して作られたモノではあるんですが、実はシニア以外にも届く言葉ですよね？

若い人でもパソコンに不慣れな人はどうしても同じことを何度も訊いてしまいがちですし、それを気に病む人も多いわけです。

つまり、何度も同じことを訊いてしまう問題は、決してシニアに固有のものではなく、あらゆる年齢層に共通する問題だったわけです。

このコピーは、まさにその思わぬ副産物も掘り起こしてしまいました。

この会社はその後も、いくつもの神1行を繰り出しています。

まさに**顧客目線**。
**視点の転換**ができているんです。
街の巨匠が創った見事な神1行。あなたも散歩がてら、見事な神1行を探してみてはいかがでしょうか?

エピソード❸ 沖縄の某ホテル内ネイルサロンの〝神1行〟

# お仕事上、手にマニキュアのできない方、足のペディキュアいかがですか?

家族で沖縄に行き、某ホテルに泊まった時のことです。
子どもたちと海で遊び、結構疲れて食事をしました。
おいしい食事に舌鼓を打ち、もう少し飲むか!とホテル内をウロウロ。
バーを見つけて入ろうとしました。
するとバーの手前にあるネイルサロンの店前の看板が、私に語りかけてくるんです。
私は男だし、ネイルには興味ありません。

が、その看板は、プロのコピープランナーとしての私に強烈なメッセージを送ってきたんです。

で、その看板のコピーを読んでみると……。

脱帽でした!!

お見事！と思わず拍手をしたくなるくらいの完成度。

どんなコピーかというと……。

**「お仕事上、手にマニキュアの できない方、足のペディキュア いかがですか？」**

女性はおしゃれにこだわります。圧倒的にこだわります。

そのひとつがネイルです。ネイルは自分の個性を出す武器でもあり、自分の気持ちを高揚させる道具でもあります。

ネイルひとつでその日の気分が大きく変わる！と言う人も多いくらいですから。

ですが、残念なことに、職業柄、ネイルをできない人もいます。

悔しいでしょうね、哀しくて寂しいと思います。

が、……が、です。

そこにこのコピーです。

「お仕事上、手にマニキュアのできない方、足のペディキュアいかがですか?」

仕事柄ネイルができなくて寂しい思いをしている人でも、足のネイルなら可能です。
外からは見えないかもしれませんが、自分の気持ちは高揚します。
仮に、靴を脱いで足を見せる機会があった場合は、周囲から驚きの声が上がります。
感嘆の声が飛んできます。そんな流れです。

で、先のコピー＝神1行がそうした「普段はネイルをできなくて我慢している人」の心の琴線を刺激するんです。

「あ！　その手(テーマは足ですが)があったか」と気づかせる。

実際、とても興味のあった私は、このネイルサロンの店長にお話を伺いました。
すると、一日当たり、結構な数のお客さんが来ているらしい。
この看板のコピーで足のネイルに気づき、救われた！と言うお客さんも多いようです。

神1行の威力はすさまじいです。

要は、このコピー1行で、**それまで女性たちの心の奥底に眠っていた、潜んでいた、**

**ネイルへの渇望というマーケットを揺り起こしてしまった。**

気づかせてしまったんですね。

かのスティーブ・ジョブズは生前、こんなことを言っていました。

**「多くの場合、人はカタチにして見せてもらうまで、自分は何が欲しいのかわからないものだ」**

まさにこのコピーは、形にして見せちゃったわけです。

見事です！

エピソード❹ 街の中華屋さんの〝神１行〟

# 麺では少し重いと言う日に。太平燕とも言います。

東京は杉並区に、中華徳大という店があります。

長く続く老舗で、地元ではとても愛される店。

遠くからわざわざお見えになるお客さんも多く、素晴らしい店です。

で、この店、名物料理はたくさんあるんですが、中でも特に人気なのが、「たっぷり野菜そば」と呼ばれるラーメン。

とにかく大量の野菜炒めがてんこ盛りになっているラーメンで、私も二日酔い気味の日などは、とてもおいしく頂きます。

で、この店の店主。結構高齢なんですが、実に頭が柔らか。

次々と面白い、楽しい、魅力的なメニューを繰り出してくるんです。

そしてその目線の先には、「お客さんを思う心」がたっぷりと詰まっています。

例えば、これ。

**麺では少し重いと言う日に。太平燕《タイピーエン》とも言います。**

私は初めてこの表示を見た時、腰を抜かしそうでした。

発想というか、着眼点があまりにも見事だったからです。

先ほども触れたように、タップリ野菜そばが人気です。

ヘルシーで二日酔い気味の日や、なんとなく体の調子が良くない時などには最高です。ですが、そのたっぷり野菜そばがキツイかなという日もあるわけです。

そこでこれ。

「麺では少し重いと言う日に。太平燕とも言います」です。

ラーメンの麺がそれでも重たいな！という時に、春雨の太平燕を麺代わりにいかがですか？　さほど重たくないですよ！とやさしく語りかけている。

これ、頼んじゃうでしょ？

この店主の、お客さんを見つめる目に脱帽です。

ちなみに私は、この表示を見た瞬間にオーダーしちゃいました。

だって、食べたくなりますもん。

この店、次々と面白いメニューを繰り出すと先ほど言いましたが、「らんらん炒飯」という料理があります。

さて、どんな料理でしょう？

20秒だけ考えてみてください。

答えは……。

玉子炒飯の上に、スクランブルエッグがど～～んと乗っているヤツです。

玉子炒飯の玉子のラン（卵）、上に乗っているスクランブルエッグのラン（卵）。

このニつのランでらんらん炒飯です。

ネーミング自体が弾んでいます。

見たとたん、食べたくなります。

そして何よりすごいこと。

このらんらん炒飯を誰かがオーダーし、出来上がりを席までスタッフが運ぶ瞬間、必ず目に入りますよね？

すると必ず。「え？　あれなに？」ってなります。

で、店のスタッフに確認して、結果、食べてしまったり、次回の課題になるんです。

お客さんが勝手にオーダーしてくれる。

いやいや、見事な作戦です。

もちろん店主が、そこまで計算してこの料理を始めたのだとは思いません。

ですが、こうした「ビジュアルインパクト」を持った料理を用意すると、必ず「メニュー要らず」な状態が出現します。

見せれば勝ち！なわけです。

「麺では少し重いと言う日に。太平燕とも言います。」

この神1行を生み出す店主の頭には、まだまだたくさんの隠し玉があることでしょう。
この店、中華徳大、目が離せません。

エピソード❺ 新宿のカフェで見つけたホットドッグ紹介の〝神1行〟

# ありそうでなかった、なさそうであった。

ＪＲ新宿駅東口改札を出てすぐの場所に、ＢＥＲＧ《ベルク》というＢＥＥＲ＆ＣＡＦＥがあります。たった15坪の店内に、毎日１５００人のお客さんが訪れ（イベントなどのある日は２０００人を超えます）、いつ行ってもお客さんが一杯の人気店です。

新宿の駅ビルがマイシティからルミネエストに変わった際、ＪＲから無慈悲な立ち退きを迫られ、それに憤ったファンが2万人の署名を集め、ＪＲが諦めた！というエピソードは国会でも取り上げられたことがあるので、ご存じの方もいらっしゃると思います。

このベルク、人気メニューは数えきれないほどあるんですが、やはり屋台骨を背負っているのはホットドッグです。

ホットドッグのために開発されたパンと、世界最高峰のウインナーソーセージ。

この組み合わせだけで十分すぎるくらいおいしい。

パンとソーセージのうまみを味わうためのホットドッグと言っても過言ではありません。

ですからお店では、ホットドッグをオーダーするお客さんには「マスタード、ケチャップ、つけない食べ方をお奨めしています！」と伝えます。

もちろん、「欲しい」と言うお客さんにはお出しするんですが、私も何もつけない派です。


で、このベルクのホットドッグ。

シンプルなプレーンが主流ですが、中にはちょっと変わったホットドッグも用意されています。

ベーコンを挟んだベーコンドッグ、チリソースをふんだんに挟んだチリドッグなどが人気です。

ある時、ベルクの店内に、こっそりとあるＰＯＰが貼られました。

## 「ありそうでなかった、なさそうであった。」

と書かれ、その下には「ブルーチーズのホットドッグ」と書かれています。

これ、気になりますよね？

レジの周りにデカデカと貼るわけでもない。

入り口近くで大規模に宣伝するわけでもない。

こっそり、ひっそり。

言葉のチカラだけで、お客さんを引きつけます。

しかも、

**「ありそうでなかった……」**


です。

読んだら最後、食べてみたくなります。

まさに、神１行です。

ベルクの店内には所狭しと、お客さんへのメッセージ、ＰＯＰ、店内ポスターなどが貼られていますが、いずれも見事なフレーズです。

エピソード❻ 再春館製薬所の〝神1行〟

# 初めての方にはお売りしません

他人に何かを言われると思わず逆の行動をとってしまったり、思いがけない動きをすることがありますよね。私の場合、誰かから薦められた店にはまず行きませんし、誰かから薦められた本は絶対に読まないという習性があります（単なる天邪鬼とも言えますが）。

例えば、セールスパーソンから、「買ってください！ お願いします！」と言われたら「絶対に買わない！」と思ってしまったり、「○○はいいですよ〜」と言われると「私はそうは思わない！」とあえて粗探しをしたりといった条件反射をすることが多いです。

だとしたら、あなたが導いていきたい方向と正反対のことを提示すれば、私はあなたの思う通りの方向に動くということになる可能性が高くなります。

## 「初めての方にはお売りしません」再春館製薬所

熊本県にある再春館製薬所という医薬品・化粧品メーカーの名前を聞いたことがありますか？　女性なら、ほぼご存じかと思います。メインの商品名は「ドモホルンリンクル」といいます。

「ドモホルンリンクルは、初めての方にはお売りしません。サンプルと小冊子をお送りし、納得なさったお客様だけにお売りしております」

すごいと思いませんか？

メーカーは商品を作って売らなければ成立しません。「今すぐにでも売りたい！　買って欲しい！」はずなのに、サンプルと小冊子をお送りして納得したお客様だけにお売りしております、というワンクッションを入れているわけです。

「買ってください！」と言うのが当たり前で、買ってくれなきゃ成り立たない。なのに、「お売りしません」というわけです。

もちろん、これには深い思慮と、正しい戦略があります。でも、すごい勇気がいると思います。最初はかなり緊張したと思うのです。

「お売りしません」という広告を打って、「本当に売れなかったらどうしよう！」『偉そうなこと言ってるんじゃないよ！』とかクレームが来たらどうしよう！」と戦々恐々だったのではないでしょうか。

再春館製薬所はその苦難を乗り越えて今、存在しています。素晴らしいです。これこそが、再春館製薬所の伝え方の凄味です。

他社ができないことを勇気を持ってやった。そして成功に繋げていった。このチャレンジ精神は見事ですし、素晴らしいと思います。

**①まずは、試してもらう**
**↓**
**②やっぱり合わない人もいるだろう**
**↓**
**③その合わない人に無理に売ったら、それは問題**
**↓**
**④だから、合う人にだけ買ってもらう**
**↓**
**⑤トラブル回避**

こんな流れですよね。

もちろん「お売りしません」というフレーズは、本当ではありません。本物の商品とまったく同じ成分のミニサンプルを送って、それを使ってもらい、問題のなかったお客さんにだけ、本物を販売する。このステップをひとつ加えるだけで、ある問題を解決しているわけです。

その〝ある問題〟とは？　そう、肌のトラブルです。

化粧品会社に限らず、お肌とじかに接したり、体内に取り入れたりする食品、飲料、薬品などを扱っている企業や店にとって、この〝肉体トラブル〟は最大の鬼門です。

特に化粧品は体質に合う、合わないが顕著に出ます。合わなかった場合、大問題になるケースもあり、企業としては死活問題なのです。

そして、その「買ってもらおう」とする部分につけこむようにトラブルが発生するわけです。結果、その対応のための費用、人手、時間が膨大なものになり、経営を圧迫することに繋がるのです。

しかし、再春館製薬所はその化粧品会社のもっとも負荷となる部分をほぼ皆無にするやり方を採っています。それが、

「初めての方にはお売りしません」

という神1行を使って、お客さんを判別すること。

ドモホルンリンクルに合う人だけに使ってもらう！という、急がば回れのやり方です。

これで多くのトラブルが未然に回避できるのです。

素晴らしい、また勇気のいる判断です。

再春館製薬所は他にもたくさんの面白い広告を打ち、素晴らしい仕組みを持っています。

研究してみて損はないと思いますよ。

# 第2章

## 何が、どうすごいのか！
## 知って欲しい〝神1行〟のチカラ

実は、神1行ってそれほど特別なモノではないんです。気をつけていれば、注意して見ていれば、あなたの周りにもたくさんあります。

「あ、これが神1行か？」

そんな視点で見ていただき、真似てみるのもよいでしょう。

**エピソード❶　某コンビニで見つけた〝神1行〟**

# おなかにやさしい常温水

セ○ンイレ○ンのある店で、すごい貼り紙を発見しました。

＊＊＊＊＊＊＊＊＊＊ ＊＊＊＊
お腹にやさしい常温水。

冷たすぎない。

水滴でバッグを濡らさない。

お薬のむのにGｏｏd。
＊＊＊＊＊＊＊＊＊＊ ＊＊＊＊

と書いてあります。

これ、セ○ンの本部から送られてきた貼り紙ではなく、店が自主的に作った店舗オリジナルのコピーです。

つまりは、店員の誰かが書いたモノということ。

ひょっとしたらアルバイトの学生さんの作かもしれません。

## この発想、すごいです。

いや、すさまじいと思います。


そもそも、〝**お腹にやさしい常温水**〟**という表現が憎い。**

店員の誰かが、ある日、

「なんで、うちの店って、飲み物は冷たいのか、温かいのかしかないのか？　日本酒だって〝常温〟ってのがあるじゃないか？」って思ったんでしょうね？

冷たい水を飲むとお腹壊しちゃうんだよ！って。

つまりは、視点がお客さんなんです。

**お客さんの気持ちに成り代わり、お客さんが求めているハズの情報を提供しているわけです。**

これを読んだ人で、

〝思い当たる〟がある人は、まさに、

〝身につまされる〟ということなんですね。

そして……この貼り紙。私が何よりもすごいな！と感じたのは、

## 「水滴でバッグを濡らさない」

というフレーズ。まさに、

〝**普段、自分では気づいていない不満とか不具合**〟

をズバリ！指摘しています。

「あ！そうだよね？　これ、ありがたいな！」と、言われて初めて気づく。

イライラしたこと、過去にあったよね？と思い至る。

言い換えれば、

**たった1行で、それまで埋もれていて見えなかったニーズを引きずり出すことができる。**

これ、秀逸、素晴らしい。

しばらく前までは、ＰＯＰの研究ならヴィレッジヴァンガードが有名でしたが、これからはセ〇ンイレ〇ン。商品を買うだけの場所から、ヒントを手に入れる場所へと進化しています。

セ〇ンイレ〇ンが買いですね。

そんな目で、セ〇ンイレ〇ンを見てみてはいかがでしょうか？

いろんな神1行が見つかる店ですよ。

エピソード❷

スティーブ・ジョブズが繰り出した〝神1行〟

# ｉｐｏｄ１０００曲をポケットに

アップルのｉＰｏｄという商品をご存じですよね？

持っている方、持っていた方も多いと思います。

故スティーブ・ジョブズ氏が社運をかけて投入した商品でした。
この商品の最初の広告コピーは、

**「これは新製品のｍｐ３プレイヤーです。**
**小型かつ軽量で、容量は××ギガバイト。**
**実質稼働時間は何時間で……**
**なんたらかんたら……」**

みたいなモノでした。売れませんでした。
そこでジョブズ氏は自らコピーをテコ入れしたんです。
どう、変えたのか？

**「ｉｐｏｄ　１０００曲をポケットに♪」**

そう、お客さんにわかりにくい**スペック＝仕様ではなく**、まさにお客さんが求めていた**価値＝ベネフィット**をズバリ語ったんです。

要は、**どんな価値を持った商品なの?**という問いに、1000曲分のあなたが大好きな音楽を、ポケットに入れて持ち歩けるんですよ!と回答したわけです。

このコピーは、iPodを史上空前のヒット商品にしました。

## エピソード❸ 寿司屋の親方が放つ〝神1行〟

# うちのウニ、メタボなんですよ!

宮城県は塩竈《しおがま》に、〝亀喜寿司〟というお寿司屋さんがあります。

地元でも著名な素晴らしい寿司屋さんです。

その亀喜寿司の親方の考え方を通じて、神1行を考えてみたいと思います。

よく、「地域活性化」という言葉を耳にしますが、実はこれ魔法の言葉です。

そう、地域を、地元を良くしたい! そう考え、行動する人に対しては、誰も〝NO!〟を唱えられない。反対ができない言葉であり、考え方です。

が、よくよく訊いてみると、「地域のため」と言いながら、実はそれほど地元を愛していないんじゃないか? この人?と感じるケースも多いです。

で、亀喜寿司の親方の話です。

この親方。どこから仕入れてくるのかはわかりませんが、本当に〝地元の海、地元の産品〟についての知識、造詣が深いです。

そして何よりもお客さんへのプレゼンテーション、表現がすさまじく上手です。

まさに**1行に思いのすべてを組み込んできます。**


例えば、東日本大震災から3年が経った頃に伺った際のエピソード。

地元で採れたウニについて説明する場合、こう言います。

## 「うちのウニ、メタボなんですよ!」

「震災以来3年が経って、やっと宮城の海にも栄養が戻ってきました。

だから海藻が大きく、養分豊かに育ってきたんですね。

その養分豊かな海藻がたくさんあるから、ウニは餌を求めて歩き回らなくてよい。

おかげで、こんなに身の詰まったぷっくりしたメタボのウニが採れるんですよ!」

そう言って、本当に見事なふっくらと身が入ったウニを出してくれます。

まるで海の中を見てきたような口上です。


**「うちのウニ、メタボなんですよ!」**

**強烈にお客さんの気持ちを、興味を引きつける、まさに神1行。**

脱帽です。


あるいは、地元閖上《ゆりあげ》のブランド赤貝を出す際にはこう言います。

**「これ、地元で採れた赤貝。まずは殻に流れる筋を数えてみてください」**

そう言って、お客さんに貝殻を手渡します。

で、赤貝の殻に刻まれた筋をお客さんが数えると、42本入っています。

そこでおもむろに親方は、別の貝殻を取り出します。

で、「こっちも数えてみてください! こっちは他の場所で採れた赤貝の殻です」と言います。数えると、36本しか筋はありません。

そこで親方はこう言います。

「これがいわゆる年輪の違いですね。

この筋が42本入るまで、閖上の赤貝は漁師に捕られるのを待っています。

お客さんの口に、最高のタイミングで入るように、じっと身を潜めてるんですよ！」

これまた、まるで見てきたような口上です。

本当に地元意識を持って、地元の漁師さんや市場のスタッフと深い付き合いをしていなければ出てこない言葉。

「殻に流れる筋を数えてみてください」

グッと気持ちを呼び寄せます。

早く先を聞きたくなる。

これが地元愛を伝える神1行です。

地方で頑張る寿司屋さんが一番大事にしなければいけない、地元の海への愛情。そしてその大切な海が与えてくれる産品への敬意。そういったものがすべて、この口上に含まれています。

ここまで深く知ってこその地元愛だと思うんです。形だけの、表面を繕《つくろ》っただけの地元愛は早晩メッキが剝がれます。

が、深く、太く、強い愛情は、そもそもメッキなどありません。

だから剝がれることもないんです。

結局のところ、**私たちは情報の量で評価されます。**

**どこまで本気か？**

**それは情報量で試されるんです。**

亀喜寿司。この店が私たちにそれを教えてくれます。

エピソード❹ **上場企業の社長の、隠れた本音を可視化した〝神1行〟**

# 本当はこれが欲しかったんだ！

私、中山マコトが、ある一部上場企業の社長に呼ばれて打ち合わせをした時のこと。もう、数年前のことです。

その社長はこう言いました。

「うちの営業マンはどうも詰めが甘くていけません。私がもう一人いれば、もっともっと受注が増えるのに！」

社長の話を聞いて、一緒にチームを組んでいた広告会社のメンバーは、〝パンフレットのクリエイティブを提案しよう！〟という程度の発想しかできませんでした。

どう頑張っても数百万円、１千万円にはとうてい届かない規模の仕事です。

私はその程度の提案では、その社長の本当の願いは達成できないと考えました。納得もしてもらえないだろうと思いました。

「社長の真の悩みは、別のとこ、もっと深いところにあるはずだ！」

そこにこだわったのです。


**社長が言っているのはneeds（ニーズ）。でも、本当に見たいのはwish（ウィッシュ）だと**考えたわけです。で、社長の語る、〝私がもう一人いれば……〟という部分に着目した私は、そこを徹底して掘り下げました。

そして、こんな提案をしました。

「東京本社の社長室と支社支店の応接室を衛星回線で繋ぎ、地方での商談の際、社長自らがテレビ電話で直接交渉できる仕組み」を作りませんか？

まさかそんなことができるなどとは考えてもいなかった社長。

「本当はこんな仕組みが欲しかったんだ！」と気づいてしまいました。

結果、私たちのチームはトータルで５億円の仕事を受注することができたのです。

相手が言うことを、そのまま鵜呑みにしていたのでは、大きな仕事には繋がりません。

**大事なのは、相手の先を行くこと。**

**相手の、〝本当はこれが欲しかったんだ!〟**

というｗｉｓｈに気づかせてあげた時に、感動と感謝が生まれ、それが感激に繋がります。

そうして、深く強く、良好な関係が生まれます。

〝東京本社の社長室と支社支店の応接室を衛星回線で繋ぎ、地方での商談の際、社長自らがテレビ電話で直接交渉できる仕組み〟。

このフレーズこそが、まさに社長の心を射抜く神1行だったわけですね。


**言われたままを提案するのはアマチュア。**

**相手が気づいていない未来を見せるのがプロ。**


私はそう考えています。ということは、プロとは、

**相手の、自分でも気づいていない本音＝ｗｉｓｈ**

を引き出す能力を持っている人だと思うんです。

この能力、持ち合わせたらすごいことが起きますよ。

エピソード❺　飲料会社のキャンペーンを大成功に導いた〝神1行〟

# 営業マンは孤独だ！

超大手の飲料メーカーから販促企画の依頼が来た時（十数年前のことです）のお話をしましょう。

そもそもは酒販店（酒屋さん）の売り場と連動した、酒屋さんにもっと売ってもらうためにはどうしたらよいのか？という狙いを持った企画でした。

クライアントからのオーダーも、ちょっとした〝おまけつきキャンペーン〟でも企画してくれたらそれでOK！といった感じの、軽い依頼でした。

で、企画を立てるに当たり、ありきたりの内容では気に入らなかった私は、問屋を回っている営業パーソン（その頃は男性がほどんどでした）に話を聞いて回りました。

そして……。

ある営業マンから、

「営業パーソンは孤独だ！
車で移動していると本当にひとりぼっちで味方がいない感じがしてくる！
店に行っても邪険にされることが多いし、本当に泣きたくなるんですよ！」
という言葉を聞き出しました。

そこで私は、
〝孤独な営業マンと一緒に店を回る同行レディキャンペーン〟
を企画したのです。

**「営業マンは孤独だ！」**

という神1行が、上層部の気持ちを動かし、大きな予算をつけさせました。

この企画、問屋の営業マンが喜んでくれたことはもとより、実は酒屋さんの主人もすごく喜んだんです。
当然ですよね？

だっていつもなら問屋の営業パーソンが来るだけです。

「もう、商品置ける売り場なんてないよ！」

とか言って追い返せば終わりです。

でも、同行レディが、一緒にお願いをするわけですし、そのミニスカ姿を見るだけでも、機嫌は良くなるし鼻の下は伸びます（笑）。

しかもこのレディたち。専用の〝はたき〟を持って、パタパタと売り場の掃除までしちゃうわけです。

結果、

「じゃ、10ケース引き取るよ！」

という話になっちゃう。

そりゃ、成績も上がるわけですよ。

結局、2億円を投入する大キャンペーンになりました。

あの時、言われるがままにおまけを提案していたら……と考えると空恐ろしい気がします。

**大事なのは、人の心を動かす1行を駆使すること。**

この場合、「営業マンは孤独だ！」という1行が、大企業を動かした。

そして結果、商品をバカ売れさせ、メーカーと酒販店の関係もそれまで以上に強固なモノになっていったんです。

これが神1行のチカラです。

エピソード❻ 某デザイナーの人生を変えた〝神1行〟

# オモシロタノシスト

田井ヨシフミさんという、優れもののブランディングプロデューサーがいます。

私とはかれこれ10年来の友人で、デザイン会社で独立して以来、飲食店を何店も経営したり、面白い仕事をたくさんやってきました。


ある時、田井さんはふと思いました。

**「どうも旧来のマーケティング理論に縛られている人が多いな〜」**と。

もちろんマーケティングも大事です。

基礎として知っておかなくてはいけない部分は多々ある。

でも、結局のところ、その理論だけでは不足で、やはり**「自分の感性」「自分が楽しめ**

**ること」を中心に置いたほうがうまく行くケースも多々ある。**

**ビジネスとは、まずは自分が楽しむこと**なんじゃないのか?と考えたわけです。

そして同時に、**その考え方を「オモシロタノシズム」と名付け、自らの肩書として、「オモシロタノシスト」と名乗る**ようにしたんです。

オモシロタノシストという言葉は田井さんの造語で、他の誰も名乗っていません。

そしてここが肝心なのですが、この言葉を聞くと、「実に楽しそうなことを考えてくれそうな人だ!」という気持ちになります。

手堅い、確実性だけを重んじる人には「なんだそりゃ!」と敬遠されるかもしれません。

ですが、現状を脱却し、今とは異なる「面白い世界」にチャレンジしたい!という人にとっては、ぜひぜひ会ってみたい人になるわけです。

※田井さんはオモシロタノシストTシャツまで作ってしまいました。

で、その**オモシロタノシストを名乗った時から、それまでにはなかった、まさに「オモシロタノシゴト」がたくさん飛び込んでくるようになりました。**

肩書を変えたことで、田井さん自体の見え方がガラリと変わり、周囲からの期待の種類も変わってしまったんです。

今、田井さんはまさにオモシロタノシストとして、オモシロタノシイ仕事を山ほど抱えています。


加えてこのオモシロタノシストという、神1行がもたらした副産物があります。

それは、ガイドラインです。

オモシロタノシストと名乗っているわけですから、面白くない仕事は受けられません。

肩書に嘘をつくことになるし、自分との約束を守れないからです。

「どうしようかな? この仕事」と悩んだ時は、「オモシロタノシスト」という原点に返り、「その仕事は面白いか? 楽しめるか?」と自らに問います。

すると、答えは自ずと出ちゃいます。

**仕事を受けるか受けないか?の羅針盤の役割まで、この神1行が担ってしまったんです。**

ですから、「この仕事どうしようかな~?」とか「あんまり気乗りはしないけどお金になるから引き受けるか?」といった淀んだ気持ちがなくなるわけです。


田井さん、毎日楽しそうに飛び回っています。

自らの生き方、仕事へのこだわりを表す、

「オモシロタノシスト」

という神1行が、ある意味、彼の人生さえも変えてしまったんですね。

エピソード❼ **社名を変えたらバカ売れ！の〝神1行〟**

# サマンサジャパンという社名＝ネーミング

山口県に、サマンサジャパンという会社があります。

主にビルメンテナンスとかビル・オフィスの清掃を請け負う、実にユニークな会社です。

どこがユニークなのかというと……。

そもそも、この会社のサマンサというキーワードに発想のルーツがあります。

サマンサジャパン、当初は〝建物保全株式会社〟という社名でスタートしました。正直言って、なんの面白みもない社名ですよね？　カタいです。

それが、ある時、〝サマンサジャパン〟という社名に変更になったわけです。

実はこの、サマンサジャパンという**社名＝ネーミングが、神1行**なんです。

さて、サマンサの話です。

お若い方にはピンと来ないかもしれませんが、はるか昔、大人気のテレビドラマがありました。

「奥さまは魔女」(原題 Bewitched)というタイトルのテレビドラマです。

1964年から1972年まで、アメリカのABCで全254話が放送されたシチュエーション・コメディのテレビドラマ。

広告代理店に勤めるダーリン・スティーブンス(ディック・ヨーク、ディック・サージェント)が結婚した相手、サマンサ(エリザベス・モンゴメリー)は魔女だった。そして、結婚に反対する彼女の母親のエンドラをはじめ、彼女の親戚たちも現れ、スティーブンス家に次々と珍騒動が巻き起こる、というお話。当時はものすごい人気でした。

で、この主人公で魔女のサマンサが乗っているのが箒《ほうき》(魔女は箒に乗る)。

そう、その**箒＝お掃除の象徴的イメージからサマンサジャパンという社名が生まれたん**です。

この会社、実にユニークなシステムをたくさん持っています。中でも、サマンサクラブという組織は実にスペシャルです。

ホームページを見てみましょう。

＊＊＊＊＊＊＊＊＊＊＊＊＊＊＊＊＊＊＊＊＊＊＊＊＊

サマンサクラブとは、〝おもてなしの心〟と徹底したマナー教育により清掃業務はもちろん、量販店や病院のフロア業務まで幅広くこなすおもてなしのプロ集団です。

サマンサクラブは、清掃分野以外にも受付、グリーターなど次々と活躍の場を広げ続けてきました。

中でも、最も顕著な活躍を見せているのが病院業務。

清掃はもちろん、薬品や物品等の搬送を行うＳＰＤ業務、電話交換業務など「医療行為以外はすべて」サマンサクラブの活躍の場となりつつあります。

＊＊＊＊＊＊＊＊＊＊＊＊＊＊＊＊＊＊＊＊＊＊＊＊＊

とあります。

このサマンサジャパン、ホームページでもわかるんですが、制服がとてもかわいいのです。清掃の会社といえば、まさに作業着というイメージのユニフォームが主ですがサマンサジャパンは違います。女性が気に入る、オシャレなデザインと可愛い色使い。

ですから、スタッフ募集に応募した理由にも「制服が可愛かったから」というものがとても多いのです。しかも、最新鋭のお掃除ロボットを使って作業するので、スタッフは掃除の人ではなく、ロボットのオペレータのイメージです。

例えば、主婦の方が清掃会社にパートで勤める場合は、人によっては「近所の人には見られたくない!」という意識が働き、条件的には問題なくても隣駅や家から離れた場所でパートを希望するケースもあります。

ですが、サマンサジャパンの場合は、可愛い制服とロボットの効果で、逆に家の近所の店に入りたがる。そんなことが起きます。

そして、**「近くの○○という店でバイトしてるから見においでよ!」**みたいな会話が成立します。

**これ、すごいことです。**

社名を変えてからのサマンサジャパンの躍進は目覚ましく、一気に業績も向上し、押しも押されもしない会社になりました。たった**ワンフレーズの社名=神1行**が、スタッフ募集からイメージ戦略まで、劇的に変えてしまった。

大きな威力を発揮したんですね。

エピソード❽

チラシのタイトルを変えただけでバカ売れ！の〝神1行〟

# 笑顔を今夜の食卓に！笑顔をつくるご馳走ピザ！

埼玉県に、ある宅配のピザ屋さんがあります。

地元密着で、面白いメニュー開発を行い、地域の人に愛されていました。が、経営者の高田さんは日々、頭を痛めていました。思ったほど売り上げが上がらない＝注文が来ないんです。

毎月……そこそこ。すごく悪いわけではないけれども、でも、大きくプラスにもならない。時々、マイナスの月もあり、一年でならすと少しマイナス。

これでは商売をやっている意味がありません。

蛇の生殺しです。

メニューを新しくしたり、価格を下げてみたり、チラシのデザインや色使いを変えてみたり……。いろいろと工夫はしてみますが、どうも成果には繋がらない。

悩みぬいた末、高田さんはあることに気づきます。

**「チラシのコピーが良くないのでは?」**

それまでのチラシは、先行する宅配ピザ屋さんのコピーをほぼ真似したモノでした。「宅配します」とか「時間内にお届けできなければ無料」とか、「熱々」とか、いわゆる「ステレオタイプ」なコピーの羅列でしかありませんでした。

使われている画像も、他社と大きな違いが見えません。

そこである広告プランナーに依頼して、コピー部分を大改修しました。

検討を重ねた結果、辿り着いたのがこのコピー。

**「笑顔を今夜の食卓に! 笑顔をつくるご馳走ピザ!」**

そして、楽しそうに笑顔でピザを頬張っている家族やカップルの画像をたくさん載せました。

このチラシを近隣にポスティングしていったんです。

変化は劇的に訪れました。注文の数がほぼ倍増したのです。おかげで調理スタッフを増員しなければならないという嬉しい悲鳴です。

それはもう喜びです。

ですが、起こった変化は実はそれだけではなかったんです。

それまでとは違って、ファミリー以外に「カップル」というか若い方からのオーダーが増えたのです。

そして、そのデータから、カップル専用メニューを作り、カップル用のドリンクセットを作り、次々にヒットを飛ばしました。

そう、**チラシのコピーが、ほんの数行のコピーが客層を変え、結果、経営そのものを変えてしまったんですね。**

神1行が、集客の仕組み自体を変えてしまったわけです。

# 第3章

## ほんの少しコトバを変えただけ！
## 夢を叶える〝神1行〟のチカラ

**神1行はあなたの人生をも変えるチカラがあります。**

でも、今ひとつピンとこないな〜という方もいるかもしれませんね。

この章では、神1行のチカラで夢を叶えた例を紹介します。

あなたもあやかってみてください。

## 1 宣言で夢が叶う

# 華麗なる転身

サッシーって知ってます?

そうAKB48で無敵の連覇を果たし、AKB卒業以来ソロのタレントとして快進撃を続ける、あのサッシー=指原莉乃さんです。

彼女はAKB総選挙で、圧倒的3連覇を果たしながら、実は同時に、**アイドルグループのプロデュース**や、ソロタレントとしての活動にも本腰を入れていました。

どの活動も本気でした。そして、卒業を発表した日から卒業の日まで、

**「プロデューサーをやりたい」**

**と言い続けました。**

ＳＮＳでも「秋元さんとご飯を食べました」とか「秋元先生からアドヴァイスを貫いました」とか「私がプロデュースするグループのレッスンの日でした」みたいに、徹頭徹尾、プロデュースに関わる情報を流し続けました。

そして、アイドル卒業までのカウントダウンも見事に決め、結果、**「プロデューサーでタレントの指原」というポジションを得ました。**

お見事！

外に向けて、**神１行としてのプロデューサーという言葉を発信し続けた**ことによって、周囲にも、そして自らの心の中にも、

「指原はプロデューサーなんだ！」

というイメージを植え付けていったんです。

ですから卒業コンサートも、単に「卒業のサヨナラ公演」ではなく、「プロデューサー指原の船出の場」として機能しました。

この考え方が、このやり方が理想だと思います。

アイドルでいる間に、自分の適性も見極めることができる、つまり、リスクも最小化できるし、新たなビジネスの可能性も見極めることができる。

万全です。

賢いとしか言いようがない。

そして彼女の躍進を支えたのは、彼女の**夢を具現化した「プロデューサーになる！」という1行でした。**


なんとなく卒業して、その遠心力でタレントや女優として生きていけたらいいな！という曖昧模糊な道ではなく、プロデューサーという未来の駅を設定し、そこに向けての万全な線路設定をした。

ここがすごいところです。

かつてアイドル出身で、これができた人は恐らくいなかったと思います。

指原莉乃さんの生き様に、1行の大切さを突き付けられたのです。

## 2 商品名を変えただけ

# 売り上げ4倍!

あなたは、モイスチャーティシュという商品をご存じでしょうか?

名前の通り、ティッシュペーパーなんですが、恐らく知らない方がほとんどではないかと思います。

では、同じくティッシュシュペーパーの、〝鼻セレブ〟というのはどうでしょう?

これなら「知ってるよ!」という方も、「見たことあるよ!」という方も、あるいは「使ってる!」という方も多いのではないでしょうか?

さて実は、このモイスチャーティシュと鼻セレブ。同じ商品なんですよ。要は**名前を変えただけ**。

そう、モイスチャーティシュでは売れなかったティッシュが、鼻セレブと名称を変えただけで、約4倍の規模でバカ売れしたんです。もちろん、デザインのチカラもありますが、でも**ネーミングのチカラが大きい**です。

商品の中身は変わっていないにもかかわらず……です。

モイスチャーティシュでは、ごくごく平凡な印象で、どこに特徴があるのか正直、わかりにくいですよね？　ですが、鼻セレブと変えた瞬間、

**「セレブ」という言葉が加わった瞬間、**

高級そうな、上質そうなイメージに生まれ変わりました。そして売り上げも大きく伸ばしました。

ティッシュペーパーの品質は、外から見ただけではわかりません。ハッキリわかるのは専門家くらいではないでしょうか？　ですが、セレブという言葉が加わっただけで、品質までもがランクアップした。そう感じませんか？

**言葉にはこうした、商品の印象まで大きく変えてしまうチカラがあります。**

これまた見事な神１行の産物だと言ってよいのではないでしょうか？

言葉のチカラ……恐るべしですね。

3 肩書を変えたら

# 依頼が殺到!

ここに一人の女性がいます。まさに現場主義の化身のような人。
名前を三浦花子さんといいます。

彼女は2018年の初め、それまで10年近く勤めたグローバルダイニングを退職し、フリーの〝スタッフ育成トレーナー〟としてその一歩を踏み出しました。
退職直後は、これといった肩書を持っていなかったんですが、一念発起して

**「スタッフ育成トレーナー」**

と名乗るようにしました。
この肩書が、実は**彼女の神1行**です。
彼女はある種、生きる伝説の人です。

彼女が店長で入ると、その店はグングン成績を上げます。そして同時にスタッフが育つ。

花子さんの特徴は、圧倒的な魅力を持つ笑顔と、何よりよく動くこと。突然、二階から降りてきたかと思えば、次の瞬間には店の前のテラスで常連さんと話をしている。

「あれ?」と思うと厨房横の出口から出てくる。

「いつ移動したの?」

「テレポーテーション(瞬間移動術)の持ち主なのか?」

と言いたくなるくらい、よく動くんです。で、そのことについてある日、訊いてみたことがあります。

答えは、「何か気になったらそのままにしておけない。行って確認するんです!」

ということでした。そう、彼女の現場主義は、〝その場で解決!〟なんですね。


ある日、新人のスタッフがお客さんに料理の説明をしていました。私がいたテーブルからほど近い席です。その新人スタッフは、たどたどしくはあるけれども一生懸命です。で、気がつくと少し離れた場所に花子店長が立っています。耳をそばだてて、その説明の様子をしっかりと見て、聞いています。

そして、たどたどしいながらも、説明が終わり、お客さんが納得した顔をしてくれたら、さっとその場を離れます。

もし、万一、お客さんが納得できない様子が見えれば、花子さんはすかさず、フォローに入ったでしょう。

**基本的に新人といえどもまずは任せる。**

でも、お客さんに不快な思いをさせてはいけない。だからすぐにその場に足を運び、自分の目で確認し、オーケーならそれでよし。齟齬があれば自ら解決していく。

そして、ここが重要なんですが、**他のスタッフもその花子さんの姿を見ています。**

**「あ、自分の時もこうして見守ってくれたのか？　自分も後輩に対して同じことをやってあげよう」と共有ができる。**

これ、ものすごく大切なことだと思うんですよ。

花子さんは今、育成インストラクターとして、ある外食の店でコンサルティングをしています。

そこでも、「今、起こっていることに興味を持つ。そして見極め、必要な手を打つ！」という主義は変わりません。

**現場で起こったことは、現場でしか解決できない。**その一番大切なことを、彼女は教えてくれます。

その店が、店のスタッフが、どう変化していくのか？　どんな進化を遂げるのか？　とても楽しみです。

4　企画書のタイトルを変えただけ

# プレゼン連戦連勝

ある日、友人の会社からお呼びがかかりました。

その会社は小さなデザイン会社ですが、デザインだけでなく、デザイナーでもある社長の戦略提案や視点が評価され、大きな実績を上げていました。が、ここへきて、その提案が採用される確率がとても落ちているというのです。

その落ちた採用率を回復させるというのが、その時の私のミッションでした。

私は彼のやり方をすべて精査し、過去の提案を全部見返し、見直し、ひとつの結論に至りました。

**提案のタイトルを変えよう。**

つまり、提案のタイトルを、常に神1行を意識したモノにしていこうということです。**提案を受ける側が、もっとワクワクし、「この会社と仕事がしたい!」と思ってもらえるような方向にシフト**しようということなんです。

今回のミッションでの神1行発想の根幹は、企画書の表紙のタイトルに、必要な金額とかいつまんだ提案内容を書く、というものでした。

例えば、「450万円で実施可能。〇〇人のライバル社・商品ユーザーに御社の◇◇を使用してもらい、勝ち負けポイントを教えてもらうモニター企画」のような感じです。

どうしてそうしたかというと、どうも「見積もりは企画の最後についていて、プレゼンの最後に出すもの」という慣習を感じたからです。

それだと、いくら企画の中身が良くても、最後の最後に金額がわかると予算と折り合わず、双方ガッカリ!というケースが多かったようなんです。

そこで私は、

**◆最初に金額を伝えることで無駄なプレゼンをなくしたい**

**◆最初からYESかNOかをハッキリさせてここでも無駄を排したい**

と考えたんですね。

このやり方に変更して以降、プレゼンの勝率は飛躍的に上がり、やる気を出した企画スタッフからは次々に良いアイディアが生まれてくるという好循環に変わりました。

金額を最初に出すだけの神1行発想が、会社の利益構造まで変えてしまったんです。

## 5 店名で夢が叶う 理想のお客さんだけがやって来る

ある時、地元の商店街を歩いていました。すると、ある看板が目に飛び込んできました。

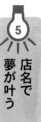

### 「ガチガチ専門」

私は看板のこの文字を見ただけで、その日のうちに店へ行きました。行っちゃったのです。なぜなら、私は〝ガチガチだったから〟です。

家庭用のマッサージ機ではまず歯が立ちません。普通のマッサージ店でもなかなか納得いく施術をできる人に出会えない。ちょっとでも血行が良くなって、少しでも体が軽くなればラッキーです。

そんな私を満足させられるのか?

半ば道場破りのような気持ちで「ガチガチ専門」を訪ねたところ、これが良かった!

一般的なマッサージ店で、施術者から「力加減はいかがですか?」と尋ねられたことはありませんか?

そこで「もっと強く」と頼むとグイッと力を入れて押し、「もう少しやさしく」というと力を抜いて施術します。つまり、力の強弱で調節しているのです。

しかし「ガチガチ専門」では、こり固まった筋肉を「点の持続圧」などの独自のテクニックでほぐします。恐らく、「ここの筋肉が硬い場合にはここをこういう風に押す」というノウハウがあるのでしょう。力任せではないのに、しっかり芯に届くのです。

それ以来、何度も通っています。ガチガチに固まったふくらはぎを施術してもらった時は、あまりの激痛に脂汗がダラダラと出るほどでした。しかし、そのくらいじゃないと私の場合は効かないのです。

施術後、担当者から「中山さん、痛かったでしょう。顔を見ればわかります。でも『やめて』とは言わなかった。だから、最後まで続けました」と笑顔で言われました。

これまたありがたかった！　普通は激痛で叫ぶところですが、ここを超えると翌日以降のスッキリが待っている。それがわかっているからこそ、我慢ができたのです。

そして、何より大事なことは店名の「ガチガチ専門」です。

**普通では使わない言葉ですが、見事にターゲットをあぶり出しています。**

あらかじめこの店名を見ているからこそ、「かなり痛いのは当然で、我慢して耐えた先に、なんらかの解決が待っている」と思わせてくれます。

これが仮に「○○指圧」としか書かれていなかったとしたら、恐らく我慢せずに「もっと弱く！」とお願いしているはずです。そういう店だと思っていないからです。それだと効果は出ない。

**「ガチガチ専門」は、店の名前であると同時に「うちの店は普通の施術ではダメな人向けですよ」という店からのメッセージでもあり、さらにターゲットを選び切るための踏み絵にもなっている。**それだけ深く、考え抜かれた名前なのです。

まさに神1行です。

普通はお客さんが苦悶の表情を見せれば力を緩めるか、「大丈夫ですか？」と確認します。あとで揉み返しが起これば元も子もないですし、下手をすれば「こりがひどくなった！」とクレームに発展しかねません。普通の店は痛そうなお客さんを放ってはおけないのです。

しかし、私のようなガチガチ族に、やさしいマッサージは効きません。逆にストレスになってしまうくらいです。せっかくお金を出して施術を受けるのです。1時間の施術中に多少の痛い思いをしても、そのあとが軽くなるなら我慢します。そのくらい、こっちはガチガチをなんとかして欲しいのです！

そんな心の叫びに応えることができるのは、「ガチガチ専門」が独自の卓越した技術力を持っているから。しっかりとこりをほぐすことができるけど、無駄な揉み返しを起こさない自信があるから、ガチガチ族が泣いて喜ぶ施術を実践できるのです。

そして、もうひとつ。

**ここがとても肝心なところなのですが、この「ガチガチ専門」というネーミング。**

確かに、ガチガチ族を呼び寄せる誘蛾灯のようなネーミングではあるのですが、実はそれ以外の人も呼んじゃうわけです。

「ガチガチかどうかまではわからないけど、かなりこってる」

「相当硬い自覚はある。他のところではどうも満足できなかった」

そう自覚している人は意外と多いのです。そんな〝ガチガチ予備軍〟がやって来ます。

**ガチガチ専門という尖らせたネーミングが、ターゲットを絞るのみならず、もっと大きな広がりを持って機能してしまう。ここが面白いところ**です。

もしも看板の文言がただの指圧やマッサージだったら、私は「ガチガチ専門」には行かなかったでしょうし、本書に登場させることもなかっただろうと思います。

「ガチガチ専門」は重度のこりに悩まされているお客さんだけでなく、予備軍までをも吸い寄せる、魔法の言葉。

まさに、神1行なのです。

6 メニュー名で夢が叶う

## 大人気メニュー誕生!

東京は四谷三丁目に、とんかつ鈴新という豚かつ屋さんがあります。

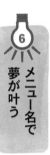

その鈴新の人気メニューが「かけかつ丼」。

そもそもは、一人のお客さんが「かつの衣のサクサクがそのまま味わえるかつ丼が食べたい!」と言ったことに、端を発します。

先代の店主は、そのお客さんの願いにとことん応えようとしたのです。放っておくことができなかったのでしょう。

「こんな感じか?」とチャレンジしては、そのお客さんに出す。

お客さんも真剣に一生懸命食べ、味わい、意見を言う。

そして、またチャレンジ。

何度となく修正を重ね、やっと「これだ!」と双方が納得するものが出来上がりました。

これがとんかつ鈴新のかけかつ丼の原点です。

本当ならたったひとりのお客さんのちょっとした意見など無視してもいいのです。「うちは無理ですね」と言えば済みますし、多くの飲食店はそうするでしょう。ですが、とんかつ鈴新の店主はそうしなかった。

**徹底的にお客さん主義であろうとし**、ごまかさず逃げなかった。そこがすごいのです。

私もいろいろな飲食店さんに伺います。そして、「このくらいなら要望してもいいだろう」

という軽い〝わがまま〟を伝えます。しかし多くの場合は無視、スルーです。中には「やってみましょうか！」と対応してくれる店もあります。そんな店には一瞬で惚れます、通います、知り合いを連れて行きます！

**融通が利く、自由度が高いというのは、実はそれだけで大きな武器なのです。**なぜなら、そんな店のほうが圧倒的に少数派だからです。少ないからこそ、目立つ！　とんかつ鈴新はその先駆けのような店だと思います。

加えて、わがままを言った以上は、要望を出した以上は、とことん付き合おうと通い続けたお客さんもまたすごいです。

自分がちょっと言ってみたことが、ある意味でここまでの大事になったわけですから、引くに引けませんよね。お客さんの粘りというか、責任感というか、もまたすごい。

**「本気の人同士がぶつかり合うと新たな価値が生まれる」**の典型です。

そう。とんかつ鈴新はまっすぐにお客さんとぶつかり、向き合う店なのです。だからこその老舗、だからこその名店なのでしょう。

その表れのひとつとして、私が感心したことがあります。それはご飯の量の選び方です。

とんかつ鈴新の店内には、目につく場所に、ご飯の量を示す表が貼られています。量は5

段階で、

5　通常の量
4　ちょっと少なめ
3　半分
2　かなり少なめ
1　ほーんの少々

となっています。

食べられる量は、その日の体調とか気分によって異なります。私も前日の酒の残り具合によっては、「さすがに今日は3にしておこうかな」という日もあります。

人によっては糖質制限をしていてもかつ丼を食べたかったり、そもそも小食な人もいるでしょう。そんな時に、この張り紙を見ると実にホッとすると思うのです。きっと感謝の念が湧いてくるでしょう。

こうした細やかな気配りこそが、この店の基本思想だと思うのです。

さて、他にもこの店の〝お客さん思い〟を痛感させられるイベントがあります。

とんかつ鈴新では、毎月12日を「とうか+つ」で「とんかつの日」として、ランチメニューを100円割り引くサービスをやっています。もちろん、この日はいつも以上にビジネスパーソンたちが行列を作ります。もはや近所では名物のひとつであり、風物詩です。

店主の鈴木さんは笑顔でこう言います。

「少しでも地元、荒木町のPRになれば」

立地する場所があってこその商売。「立地」とは地に立つと書きます。地元とは、「地域を元気に！」と書きます。つまり、その地域でしっかりと根を生やし、地域に貢献することがビジネスの根幹なのです。

**◆一人ひとりのお客さんと正面から向き合い、とことん要望に応えようとする一対一の精神。**

**◆地域に根を張り、多くの人を満足させようとする一対多の精神。**

このふたつの軸があってこそ、名店は生まれますし、存在し続けるのだと思います。私が訪れる店でも、いつの間にか、知らず知らずのうちに、このふたつの軸のどちらかを忘れ、おかしな店になってしまったケースがたくさんあります。

**企業でも店でも個人でも、結局は、お客さんを喜ばせることができたほうが高い評価を受ける。**

「喜ばせ合戦」の中に、あらゆるビジネスをしている私たちはいるのです。その中核を担うのが、メニュー名、神１行なんですね。

とんかつ鈴新は、その「お客さんに喜んでもらう努力をすること」の大切さを教えてくれます。

## 7 愛称を変えて夢が叶う 起死回生で人気者に！

有吉クンっていますよね。

元お笑い二人組、猿岩石の片方で海外を延々と旅する番組企画で名前が売れた、あの有吉クンです。曲もリリースして大ヒットしましたよね。

「白い雲のように♪」だったかな？　タイトル。

でね、その有吉クン。

今も大活躍……というか、以前売れていた時とは比較にならないくらい売れてるんですが……。何か感じませんか？　そう、まったく別の人だと思うんです、私は。

昔は単なるお笑いコンビの片割れで、旅番組でブレークして、歌を出したり、旅のネタとかちょっとしたギャグで稼ぐだけの芸人でした。いつテレビ画面から消えてもおかしくないような存在でした。

もちろんCDの印税とかがあるわけで、決してお金がなかったわけではないんでしょうが、その頃はペラッペラな存在に、私は見えていました。で、仕事も減り（そりゃそうだよね？）稼げなくなった。

普通はそこで撃沈。あの人は今！企画の対象です。が、有吉クンのすごいところはそこからです。

もちろん誰か第三者のアドヴァイスもあったのでしょうが、見事に、

## メタモルフォーゼ＝変身・変態

しちゃうわけです。

本来、とても頭の良い人なんでしょうね。情報を取り入れるのが得意で、記憶力も抜群。何より、毒舌。そこを見事に活かし、「あの人は今！」どころか、その番組の司会をしちゃ

う立場に回っちゃってるわけです。

口が悪いというか、

「毒舌進行のスペシャリスト」

として確たるポジションを築いています。

私も大好きですし、彼のやる番組はどれも本当に面白いです。で、ここからが本題なんですが……。有吉君、実はな〜〜んにも変わってないんです。本質はまったく〝あの頃〟と同じです。でも、

## ◆何を打ち出すか?
## ◆どう打ち出すか?

を変えた。

何を打ち出すか? については、もちろん「毒舌」であり、その視点を活かした「ニックネーム付け」という技を。

どう打ち出すか? に関しては、「刺激的で面白い仕切りができる人」というポジションです。

これで、今の、

**有吉君（↑カタカナのクンではなく、漢字の君です）**が出来上がるわけです。

もちろん私が今、さらりと書いたようにすんなり行ったわけではないでしょう。目に見えない苦労もあったでしょうし、涙も流したのだと思います。

でも、彼は見事に、「自分の持ち味だけを活かした新しい有吉像」を構築し、市場を制圧してみせた。**「毒舌で、仕切り上手の有吉」**という神1行を見つけたんです。

恐らく収入に関しても、以前とは比較にならないくらいあると思いますよ。**打ち出し方、見え方を変えれば、収入も変わるわけです。**冠番組をいくつも持てるようにまでなる。

ここが大事です。

**つまり、セルフプロデュースであり、変身です。**

これ、ぜひ真似してみてください。

8 スローガンを変えて

# シェアNo.1へ！

私が、ずっとお付き合いをさせていただいている中堅の印刷会社があります。

仮に、「M印刷」としておきましょうか。会社全体の年商、約80億円。従業員数約300人。私と出会うまではなんの変哲もない、フツーの印刷会社でした。

名刺を見ても、M印刷と書いてあるだけ。何が得意で、どんな考え方の印刷会社か？がまったくわからない。仕事自体も、大手の印刷会社の単なる下請けが主な業務。会社自体に活気もなく、私が訪ねても、誰もこっちを見ようともしない！

まさに負け犬体質丸出しの、何ひとつ目立つところのない、平凡すぎる印刷会社でした。

そう……あることが起こるまでは……。

私はそのM印刷の役員に請われてコンサルティングをスタートさせました。

社長に依頼して、中堅と若手の「やる気あるメンバー3人」に、私のチームに入ってもらい、一気に促成栽培をスタートしました。

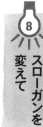

ベテランの社員（オジサンたち）は、「また社長の道楽が始まった！」と、白い目で見ていましたが、そんなのお構いなしで、徹底的にあることをやり続けました。

それから半年。その会社の商業印刷部門の売り上げは、21億円から29億円に増えました。

たった……半年。

利益率も23％ほども向上し、チームにいた、３人のメンバーには社長賞が手渡されるまでになり、結果として私のやり方は全社に波及し、今や、全社員の名刺には、その「あること」が書かれています。

部門の全員が、ある〝たった一つの名刺〟を使って、活動をした結果です。会社全体の雰囲気も圧倒的に明るくなり、朝から晩まで活気溢れる会社になりました。


さて、その名刺とはどんな名刺でしょうか？

その名刺が、たった半年の間に、一体何を起こしたのでしょうか？

それは……。**キャッチフレーズを載せただけ。**それも……。

**（印刷屋なのに）ヌードは印刷しません**

という刺激的なキャッチフレーズです。

そして、それを、名刺や、私がオリジナルで開発したあるツールなど、いくつかに落とし込み、全社的に使っていったんです。

どうしてこの「ヌードは印刷しません」というキャッチフレーズを作ったのか?
それには、ちゃんとした理由があります。それは、M印刷が本来持っていた、「企業としての思想」だったからです。

この会社は元来、ヌード写真集などの印刷は一切受注していませんでした。先々代の、創業社長がとても嫌ったからです。

創業社長の口癖は、「女の裸で仕事をするな!」でした。研究肌の、ある意味堅物の先代は、いつもそれを口にしていたそうです。でも、社長が代替わりし、年数を重ねるうちにその考えは風化し、忘れ去られていきました。形骸化していました。

でも、その気分はずっと全社的に残っていて、営業スタッフはものすごく苦労していました。だって、今の時代、お堅い週刊誌だって水着グラビアぐらいはありますよ。つまり、「女性で商売するな!」と言われたら、本当にやりようがない。お堅い、真面目な仕事しかできません。

これ、営業スタッフにとっては、難行苦行です。

で、私とチームのメンバーはそれを掘り起こし、逆手に取ったんです。そのことを、

**「ヌードは印刷しません！」**

と名刺に明示することで、**M印刷の「こだわり」がハッキリと、クライアントや見込み客に伝わるようになったんです。**

その「ヌードは印刷しません！」という思想を正面切って伝えることで、他の印刷会社が、売り上げのために、ヌードだろうが、公序良俗に反するものだろうが売れればなんでもいいとバンバン印刷を受注するやり方との対比が際だちます。

つまり、M印刷の**「企業としてのアウトライン」が、ハッキリと見えてきたん**です。

加えて、このキャッチフレーズはインパクトがあります。だから話題になりやすい。

名刺交換をしても、

「え？　コレどういう意味？　教えて？」って間違いなく訊かれます。

そこからすでに良好なコミュニケーションが始まっているわけです。

クライアントからしても、どうせ同じような能力、金額なら「少しお堅いくらいの、こだわりのある会社」のほうがよい！　そう考えるのは当たり前のことです。

利益率にしても同様です。

大手印刷会社や広告会社の下請けから一気に脱し、直接のクライアントがドンドン増えていくわけですから、利益が向上するのは実に当然のこと。

会社の財務体質自体も劇的に良くなり、結果として資金繰りも飛躍的に楽になりました。

こうしてこのM印刷、一気に生まれ変わったんです。これが、生まれ変わった名刺の威力です。

たった一枚の名刺が、会社の経営、ビジネスの構造を変えてしまう。まさにそういうことなんですよ。

まさに神１行。

## 9 ブログのタイトルを変えただけで 収入３倍 講師として飛躍！

**『子育てママのワクワクな日々』**というブログのタイトルを**『１日15分！ 子育てママが、無理せず、毎日読まれるブログを続ける方法！』**に変えて、劇的に収入と人生を変えた女性がいます。

彼女は、家計の助けにと、ある時からブログを始めました。

そもそも、文章を書くのが得意だったわけでもないし、読書が好きだったわけでもありません。が、周囲の奥様の中に、ブログから副収入を得ている方がいると聞き、自己流で始めました。

書いてさえいれば、書き続けてさえいればいつかお金になる。そんな思い込みで毎日パソコンの前に座りました。

何を書いたらよいのかもわからないので、日々出合った些細なことや家族のこと。なんとかネタを見つけ、毎日書き続けてきました。が、1年半も書き続けたにもかかわらず、一円の収入もありません。それはそうです。売り物がないんですから。

そんな時、彼女は私と出会いました。

「どうしたら収入になるでしょうか?」

その相談を受けた私は、あることを彼女に授けました。

そのあることとは……。

**「継続力」です。**

彼女はブログを始めて以来、本当に1日たりとも休まずに書き続けてきました。

体調が悪かろうが、家族が病気になろうが、旅行に行こうが、とにかく愚直に、真面目に毎日書き続けていました。結果、気づいたら560日も書き続けていたんです。

私は、彼女が書いているブログの内容というよりも、その継続力こそが売り物になると感じました。

昨今、SNSが流行しています。SNSを使って自分の考えを発信し、仕事に繋げたり、収入に繋げたり、人脈を広げようとしたり……そんな人がたくさんいます。

が、その多くが、続けられない。始めてみたものの、続かないままで放棄する、中断してしまう。そんな人がたくさんいます。だからこそ、彼女の継続力は売り物になると考えたんです。

そして私は彼女に、「どうしても続けられない人のために、ブログを毎日続ける方法」を教えてあげるミニセミナーをやってみようよ!と提案しました。

彼女はその提案を呑んでくれ、近所の公的施設の会議室を借り、2時間3000円のセミナーを企画しました。

そして自身のブログでそれを公開しました。すると……。驚くべきことに、初日で8人、2日目で5人。計13人の方が申し込んでくれたんです。

会場費を除いて3万6000円の収入です。

1年半の間、1円にもならなかったブログから、突然3万円以上の収入が飛び込んできたんです。

当日、セミナーに来てくれた方の大半は、子育て中のママでした。ほとんどの人が、『1日15分！　子育てママが、無理せず、毎日読まれるブログを続ける方法！』というタイトルに惹かれてやって来てくれたのです。

これがもし、『子育てママのワクワクな日々』というタイトルのままだったらどうだったでしょうか？　恐らく、いえ、間違いなく収入は発生しなかったでしょう。

**神1行には、人を引きつけるチカラがあります。会いたい人を呼び寄せるチカラがあるんです。**

## 10 タイトルを変えただけで
## 書いた本がバカ売れベストセラーに

嶋津良智《しまづよしのり》さんという作家で経営者の方がいらっしゃいます。私も業界の交流会などで時々お話をさせていただくのですが、実に聡明、とても優秀な経営者だと感じています。

その嶋津さん、『怒らない技術』というベストセラーを書いていて、シリーズでは80万部を超えるビッグヒットを誇っています。

実はこの本、最初は、『雨がふってもよろこぼう！ 人生が良い方向に向かう！ 心を鍛える25の習慣』というタイトルだったそうなんです。しかし、一向に売れない。なかなか商品が動かず、出版社も著者自身も困っていたそうなんです。

が、ある時。その出版社が新しいシリーズを出すに当たり、この本がサイズを変えて出版されることになりました。

内容は変えず、タイトルと装丁・デザインを変えるという手法です。

このように、タイトルを変えて再出発するケースは決して珍しいことではありません。が、正直、劇的に売れるというケースはそうはありません。

しかし、この『怒らない技術』は売れました。バカ売れしました。

## その理由は簡単！ タイトルのチカラです。

『雨がふってもよろこぼう！ 人生が良い方向に向かう！ 心を鍛える25の習慣』というタイトルでは正直、**誰が読んでいいのかがわからない。言ってしまえばターゲットが不在なんです。**

が、『怒らない技術』というタイトルは明快です。
どうやら自分は怒りっぽいらしい。そしてそのことが諸々に対し悪い影響を与えていたり、評価を低くすることに働いている。そう感じている人が、まさに「お！　自分のための本だ！」と気づいてしまったわけです。

怒りっぽいと自覚していたり、周囲から怒りっぽいと言われている人は多くいます。そして、その多くいる、潜在顧客に対し、このタイトルは、〝あなたも身に覚えあるよね？〟と働きかけ、気づかせてしまった。

**要は、タイトルひとつで、埋もれていたマーケットを白日の下に曝け出してしまったわけです。**

見事です！　見事な神1行です。
あなたももし、〝内容は良いんだけど、なぜか売れないんだよね〜〟と言う商品を抱えていたら……。**タイトルを見直してみるのもよいかもしれませんよ。**

# 第4章

# 〝神1行〟が、あなたの明日を変える！

もしも、もしもですよ。

あなたが自在に神1行を操れるようになったとしたら何が起こるでしょうか？　ハッキリ言いますが、待っているのはバラ色の世界です。

どんな世界か？　ちょっと見てみましょう。

## 1 書いたモノがお金に換わる

手前味噌ですが、私が経験した神1行のエピソードをお話しさせてください。

私は今からかれこれ19年近く前に独立起業をしました。

その時、奥さんにも手伝ってもらい、見様見真似でホームページを作りました。ホームページには〝無料相談窓口〟を設けました。

「マーケティング関連、セールスプロモーション関連、コピーライティング関連、ご自由にどうぞ！」と添えました。

すると……来るんです、問い合わせとか質問が。

ですが私はほとほと困り果てました。と言うのは、無料なのに、相談の内容は実にへピー。切羽詰まった感じの内容もしばしば。

実に手間のかかる、難しいテーマもたくさんあります。私もプロなので決して手は抜けませんが、でもそればかりに関わっていたのでは本業の仕事が手につかない。板挟みのジレンマです。

で、あることを考えました。それは、「質問に対する答えが書かれている小冊子」を作ることでした。

質問者にはその小冊子を送って、自力で問題解決ができるようにしてあげれば双方ハッピー。特に私の労力は激減します。で、冊子を読んでも解決できない場合は、有料で相談に乗ろう。そう決めたんです。

私は急いで冊子の原稿書きに着手しました。

そして3日間かけて、自分の経験してきたこと、ノウハウ、知識を書き、まとめました。整理してみると、通常の本のフォーマットで170ページ近くのボリュームでした。

そこで私は、あることを考えました。

「これだけのボリュームがあるんだから、どうせなら本のカタチにしよう! そして安くてもよいから値段をつけよう! 値段がついているとありがたみも増すし、やる気も出るだろう！」

そう考えて、その原稿を知り合いの印刷会社社長に依頼して、簡単なデザインと共に、冊子化してもらいました。表紙・裏表紙カラー、文字は縦組み、ホチキス留めではなく、厚みのある製本、奥付があり値段がついているもの。

結果、６００円の価格をつけ、内容を集約して『キキダス発想術』というタイトルにしました。


そして印刷製本が完成し、私はその冊子をいつもバッグの中に入れて持ち歩くようになりました。この人と思った方には手渡すことにしました。

で、しばらく後、某広告代理店のマーケティング責任者とお酒を飲んでいる時、その冊子を差し出すと……。

「これ、タイトルがいいね～、本にできると思うよ！」と言われました。

結果、そのマーケ責任者が出版社の編集長を紹介してくれて、とんとん拍子で商業出版に繋がりました。

これが私の著者デビューの顛末です。


この時、編集長から言われたのが、**「冊子のタイトルが実にキャッチーでした。あの**

**タイトルのおかげで、完成したイメージが湧き、会社の編集会議でも満場一致で承認をもらえました。あれはタイトルの勝利です!」**と。

今にして思えば、あの冊子のタイトルを、普通に「〇〇インタビュー術」とかにしていたらどうだったでしょうか? 表紙も付けずに、単なるレポートとしてしか扱っていなかったら……。

恐らく、今の私はいないでしょうし、こうして原稿を書き続けることもなかったでしょう。目を引き、気持ちを引きつける神1行。

そのチカラで人生を変えた男がいるというお話です。

## 2 書いたモノの単価が上がる

私が、マンションのパビリオンへの集客チラシを多く手がけていた時代。当時のチラシは、クライアントからの要請で、価格、間取り、広さ、駅からの距離など、いわゆるスペックばかりをメインにしていました。が、なかなか思うような集客ができません。

で、ある時。このままではもっと苦戦するな!と考え、勇気を持って大きな方向転換とな

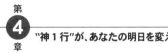

る提案をしました。

建設予定のマンション周辺の居住者にリサーチをかけ、ある高層マンションには、

「子育てママ満足度１００％」

というコピーを書きました。

そのマンション、もくろみ通り、一気に売れました。


それ以降、他人が書いたチラシの見直し、タイトルの改変などを依頼され、次々に手がけ、成果を出していきました。

結果、タイトルライター（私の造語です）として指名をもらうようになりました。

自分では書かないんです。出版で言うところのアンカーマン。必ず最後はその人の目を通り、チェックを受け、修正が入る。そのアンカーマンの役割です。

自分では原稿を書かないんですから仕事的にはとてもラクです。ですが、手にするギャランティは、自分で書いていた時代の2倍以上になりました。

私が手を加えたタイトル、私が発想し付け加えたサブタイトル。

その短いコピーが大きな売り上げに直結することがわかった以上、私を通さないわけにはいきません。

**気持ちを動かす神1行を生み出すチカラが、劇的な効率アップを呼び寄せてくれたんですね。**

## 3 レギュラー仕事が持て、収入が安定する

1冊目の本、『たった3日で売れ出す　キキダス・マーケティング』(日本能率協会マネジメントセンター)が出版されてから、ポツリポツリと雑誌からの執筆依頼を受けるようになりました。

商業系の雑誌、広告系の雑誌、販売促進系の雑誌など依頼元はさまざまでした。

私はいずれのテーマに関しても、全力で執筆しました。が、内容面とは別に、実に気を使った部分がありました。

それは……**記事のタイトル**です。

私自身、雑誌は多く読みます。が、自分の読み方をトレースしてみると、やはり決め手はタイトルだということに気づきます。

タイトルが興味深いとどうしても読んでみたくなるし、忙しい時でもなんとか時間を創っ

て読もうとします。

が、タイトルが凡庸で引きつけるモノがないと、どうしても食指が動きません。

ということで、他の読者も恐らくそうだろうと考え、徹底してタイトルを工夫しました。

「どう書けば、どう言えば、読者が読みたくなるだろうか?」「どんな言葉を使えば読者の琴線に触れるだろうか?」。そこだけを考え、考え抜き、タイトルや見出しを考えました。

神1行的なタイトルを目指したんです。

もちろん、編集者の意向でタイトルが変わることもあります。ありますが、いずれにせよ強いタイトルが並ぶわけです。

そして……。私自身が自信を持って書いた、提案したタイトルは読者の関心を呼びました。記事へのアクセス頻度、評価が抜群に高いと言われたのです。

そして……。いくつかの出版社から、連載の依頼が来ました。最初は単発での依頼でしたが、年間通じての継続執筆や、半年のレギュラー契約など、安定的な執筆にこぎ着けたのです。

これもひとえに**タイトルを工夫したから**だと思います。

**手を抜かず、あきらめず、タイトルに情熱を注ぎ、一生懸命に考えたから**こそのご褒美だと思うんです。

タイトルが強いと記事が読まれる。記事が読まれれば、編集者も続けたくなる。そして連載の依頼が来る。まさに風が吹けば桶屋が儲かる!の図式です。

これもまた、神1行のご利益だと思うんですよ。

## 4 露出が増え、アクセスが増える、指名が増える

宮城県は仙台を拠点に活躍する販売促進コンサルタント、松尾公輝氏。

彼の会社は、株式会社乾杯・KANPAI(カンパイカンパイ)といいます。

彼は元来、旅館やホテルを主戦場とするコンサルタントです。旅館やホテルの集客や販促を手がけさせたら、比類なき実力を発揮する人物です。

で、彼の会社名、なぜ乾杯・KANPAIなんでしょうか?

そこには彼の深遠な戦略が隠されていました。


旅館やホテルでは必ず、乾杯が執り行われます。これ、必ずです。つまり、毎日必ず、日本のどこかで彼の社名が連呼されるわけです。旅館やホテルのオーナーや責任者の脳裡に、

彼の社名が響き渡り、インプットされるというわけです。

加えて、彼は実にフットワーク軽く動き回ります。人が多く集まる会合に出かけたり、自らが主催するセミナー、交流会なども頻繁に行っています。

で、そうした場で、何が起こるか。もうおわかりだと思いますが、彼、松尾氏に乾杯の発声依頼が来るわけです。

「乾杯の音頭といえば、株式会社乾杯・KANPAIの松尾さんですよね?」といった感じです。

彼はそこで簡単に自己紹介がてらスピーチをします。これまた落語研究会上がりの軽妙洒脱な挨拶です。仮にその場に、旅館やホテルの関係者や、販促・集客で悩む経営者・責任者がいたとしたらどうでしょう? 必ず彼のことを記憶しますよね? あるいは知り合いにそのことを伝えるかもしれません。

結果、松尾氏の名前はどんどん広がります。そして指名に繋がります。

これが仮に、乾杯という名称ではなく、単なる○○コンサルタントというような社名だったとしたらどうでしょう? ここまでの認知は間違いなく得られなかったでしょう。

極論すれば、本当に極論ですが、彼がつけた乾杯という1行が、コンサルタントとしての彼の命運を分けたと言っても過言ではないでしょう。

まさに神1行です。

事業をやる人は必ず社名や屋号を冠します。

が、その社名や屋号に仕事をさせている人、実に少ないです。

**社名ひとつが意思を持って、クライアントや仕事やチャンスを呼んでくる。そんな発想を誰もが持って欲しい! そう思うんです。**

## 5 ファンが増え、商品が売れる

例えば、紹介受注の仕組み作り専門家。

例えば、通販で稼ぐ有名人の師匠。

例えば、デザイナーにMacを教える講師。

こうした1行キャッチフレーズがついていると、どう見えるでしょうか?

そう、その人のプロフィールというか、輪郭が実にクリアに見えます。どんな人か?がハッキリ見え、専門家として認識されます。

つまり、何かあったら〝あの人に依頼しよう〟という風に思ってもらいやすくなります。で、どうせ買うならあの人から、どうせ学ぶならあの人から、どうせ使うならあの人が推薦するモノを！という具合に、ファンが増えていきます。

人は専門家を信頼します。専門家のお墨付きを信じます。

例えば、『医者が風邪を引いた時に飲む薬』とか、『医者が通う歯医者』というタイトルの本が発売されています。これは、専門家（医者）の信じるモノは一般のいわゆるシロート（読者）さんも信じやすく、ベストセラーにも繋がると出版社が思っているからです。

だからこそ、その**専門性を伝える、一瞬にして誰にでも理解させる1行＝神1行が必要**なんです。

**人はいざという時、専門家の意見を信じ、専門家の能力に頼ろうとします。**

**そしてその専門性を端的に伝えるのが、神1行なんです。**

## 6 あなたを誰かが見つけてくれ、人脈が増える

タイトルが効いていると、インターネット上でも目立ちます。フェイスブックでも、長い間離れていた人が見つけてくれることに繋がったりします。

私自身、前前前職時代の後輩をブログで見つけ、彼が経営コンサルタントをやっていることを知り、連絡を取り、結果、一緒に楽しいプロジェクトをやるようになりました。

その彼が使っていたキャッチフレーズ=ブログのタイトルは、

「リサーチなんてくそ食らえ! マンツーマンインタビューのススメ」

というもので、以前から私が使っていたフレーズを少しアレンジしたものでした。

私自身、ネット上で本当の仲間を探したくて、時折、気になるキーワードで検索してみたりするんですが、この彼にヒットしたのもそんなキーワード検索の流れの中でのことでした。

このように、**わかりやすく鮮明なキーワードを使っていると、検索に引っかかりやすくなります**。つまり、人の目に触れる確率が飛躍的に高くなります。そして、結果として、見つけてもらいやすくなります。

以前、私のアシスタントをやってくれていたある女性は、自分のブログを頑張って書き続け、そのブログから初恋の男性と再会し、めでたく結婚までこぎ着けました。

目立つブログを書いていなかったとしたら、その出会いは決して生まれなかっただろう。

彼女はそう言います。

ブログを一生懸命書くことを否定はしませんが、**どうせ書くなら尖った、わかりやす**

**い、見つけてもらいやすい1行を用意すべきですし、**それが思わぬ僥倖に繋がることも決して珍しくはありません。

まさに神1行。

神1行を含んだ言葉は、出会いの結節点にもなり得るのです。

## 7 持ち込み企画を通しやすくなり、出版にも繋がる

私の著書に、『地雷語！』（ぱる出版）という一冊があります。この本、当初はまったく異なるタイトルでした。

ある出版社から執筆の依頼を受け、原稿をあらかた進めた時点で、どうしても企画会議を通過しないと言うんですね。

これはもう、その出版社との相性が悪いんだな！と私はアキラメかけていました。が、ある時、その本の原稿を眺めていると、その地雷語というキーワードが浮かんだんです。

私はその勢いで、サブタイトルも考えてしまいました。

そしてたまたま、その日に会う予定の別の出版社の編集者に、その地雷語というタイトル

とサブタイトルを伝えました。

その編集者はものすごく関心を示してくれました。

「すぐに企画会議にかけます。少しだけ時間をください!」

そして数日後、たまたま会った日から4日後に企画会議があったらしく、その企画は無事会議を通過しました。

いったん、ボツになりかけた企画が、原稿の中身は同じ企画が、たった1行、たった一言の地雷語という言葉で蘇った瞬間でした。

私にとってまさに、地雷語は神1行だったんです。

本というのは、結局、書店で売れてナンボです。ということは、山のようにあるライバル本の中から選ばれるチカラがなければ成立しないことになります。

そしてその地雷語という言葉は、その編集者に、売り場でライバルたちに勝利する可能性が高いタイトルとの認識を与え、ひいては出版社の編集会議すら通過させるチカラを持っていたということなんです。

**物事には必ずと言っていいくらいタイトルが必要です。**

「一言で言ったらなんだよ?」「要するにどういうことだよ!」

こうした、1行での結論を求められる場合は実に多いです。
あなたもこの神1行力、磨いてみてはいかがでしょうか?

## 8 企画の決定力が上がり、売り上げが増える

前章で、コンペ企画のタイトルを工夫して仕事を手に入れる話をしました。再びタイトルの話、ですがここでは副産物のお話をしましょう。

私はおかげさまで大手メーカーさんなど、社員数の多大な企業をいくつかクライアントに持っています。その中でも、ある食品メーカーさんはとても大切なクライアントで、かれこれ20年以上のお付き合いがあります。

で、ある時。その食品メーカーのプロダクトマネージャからの依頼で、ここ数年、伸び悩んでいるある調味料の拡販をお手伝いすることになりました。

この商品、商品自体の質も高く、一定の固定ファンもついている商品ですが、ずっと調味料売り上げ3位に甘んじています。そのプロダクトマネージャはその状態が気に入らないわけです。で、私に依頼が来ました。

そこで私は一カ月ほど時間を頂き、企画を立て、プレゼンテーションをしました。

企画のタイトルは、

『○○（↑商品名が入ります）の市場シェア、業界Ｔｏｐを実現するための戦略立案費用』

としました。

プレゼンは無事に終了し、私の企画は受け入れられ、ある広告会社と組んでプロジェクトはスタートしました。すこぶる順調な動きです。

で、その後、良い意味で私を驚かせる出来事が起こりました。

それは、その食品メーカーの別部署の方からの仕事の依頼でした。

「どうして私のことをお知りになったんですか？」

そう問う私に、その方はこう答えました。

「中山さんが○○（↑プロダクトマネージャ）に提出された企画書を拝見したんですよ。たまたま彼の席を通りかかった時、タイトルが目に飛び込んできて……」

つまり、私はまったく意図してはいなかったけれども、あの企画書が、いえ、あの企画タイトルが一人歩きして、別の方の目に留まった。そしてその方を経由して私のところに仕事の依頼が来た。そういうことでした。

その時から私は、ますます企画タイトルに気を使うようになりました。

企画書というのは、もちろん、相手があって作成するものです。

が、このケースのように、その**企画をたまたま別の人が目に留め、新たな仕事に繋がる場合がある。だとしたら、その〝たまたま目に留めるかもしれない別の人〟の目も意識したタイトルの付け方があるんじゃないか？**　そう考えたんです。

神１行タイトルですね。

この作戦は功を奏し、以降、この方法で私はいくつかの仕事をゲットしました。

わざわざ面倒なプレゼンなどしなくても、企画タイトルを神１行にするだけで、仕事が流れ込んでくる。

これは、大きな驚きでした。

# 第5章

## 驚くほどお客さんが増える〝神1行〟の作り方

ここまで読んでいただいたあなたは、「神1行」を自分でも作ってみたくなったのではないでしょうか？

では、特別に、とっておきのやり方をお教えしましょう。

これを覚えるだけで、あなたは神1行名人です。

人の心をグングン動かす、素晴らしいフレーズの使い手です。

では、スタートしましょう。

## 1 神1行は〝圧縮された〟言葉

**結局のところ、**
**神1行とは、**
**伝えたいことを〝ぎゅっと圧縮した言葉〟です。**

ぎゅっとまとめる＝圧縮、英語で言えばcompressionです。

この**〝ぎゅっとまとめる＝コンプレッション〟してしまうこと。**

**これが、神1行を生み出すすべてです。唯一の方法**です。

**余計な言葉、夾雑物《きょうざつぶつ》を取り除き、本当に必要な、お客さんが知りたいことに絞って圧縮する。**

**これが、神1行なんです。**

神1行は短くなければいけないということは決してありません。
そうではなくて、必要なことを、無駄は無駄として排除した上で、完璧に圧縮してみせた言葉。

それが神1行です。

**1行にまとめるということは、〝1行ですべてを伝える〟こと。**
**あるいは、〝1行で関心の芽を芽生えさせる！〟ということ。**
言いたいこと、伝えたいことのすべてがそこに凝縮されていないといけないわけです。
そして、その1行にすべてを凝縮させるということは、
**〝ぎゅっと圧縮するところなんだよ！〟**
と言い切ることに他なりません。

この章では、1行で、ぎゅっと圧縮するとね……と言い切るための技術をお教えしますね。

## 2 優秀な販売員たれ！

大手の家電量販店に行ったことってありますか？　恐らくあるでしょう。

私はしょっちゅう売り場を歩きながら、観察をします。何を観察しているのか？というと……。


販売員のセールストークや商品説明を隠密にチェックしているんです。

時には、お客さんになって、販売員のトークを浴びてみたりします。

優秀な、チカラのある販売員のトークは、実に心を打つし、正直、買うつもりのなかった商品を危うく買いそうになったことも一度や二度ではありません。


さて、その優秀な販売員。どこが優秀なんでしょうか？

それは……**質問に対し、〝ぎゅっとまとめて〟、わかりやすく答えている**のです。

答えを圧縮している。


販売員は数限りない質問を、一日中、受け続けます。そして、その質問に対し、お客さんが納得・得心できるように、明快な答えを出さなければ、お客さんは逃げていきます。

「なんか、よくわからなかったわね！」「あの人の説明じゃ、納得いかないですよね？」

そんな感じで去って行きます。その時点で、売り上げはゼロです。


この、圧縮する……ぎゅっとまとめるチカラこそが販売員の優劣を決める最大のファクターなんです。


こんな例があります。

ある日私は、某大型家電量販店のパソコン売り場を眺めていました。本当になんとなくです。すると売り場で一人の若い女性を一生懸命説得している若めの男性販売員（以下、若手と呼ぶ）がいます。本当に一生懸命、語ってるんです。が、相手の女性（以下、女性客と呼ぶ）、恐らく20代の中盤に見えました、は、まったく聞く気がない様子です。早く終わらせてくれないかな？という気持ちがありありの態度です。

そこへ、数メートル離れた場所で接客を行っていた先輩格の男性販売員（以下、先輩と呼ぶ）が接客を終えて、近づいてきました。

そして二人の間にすっと割って入り、おもむろにこう言うんです。

「ピンクがお好きなんですね?」

女性客は、即座に「はい! 好きです!」と答えました。

先輩は、続けます。

「ピンクの洋服着ていらっしゃるので、そうかな?と思ったんです。ピンクのパソコン、ご紹介しますね!」

女性客の表情がみるみる楽しそうなものへと変化します。

「今、ピンクのノートタイプは2種類あるんですが、あいにく、こっち(海外メーカーの商品)は切らしています。在庫があるのはこれだけですね」と、かつてSONYで発売していたVAIOを示します。

そこには少し丸みを帯びたデザインの、ピンクのVAIOが置かれていました。先輩はさらに続け、ここでまさに〝ぎゅっと圧縮したフレーズ〟を繰り出します。

**「そばに置いたり、持ち運んで見せるならこれですね。少しお高いですけど……」**

女性客はその瞬間、価格も聞かずに、「これください!」と言っていました。

この先輩が繰り出した、

「そばに置いたり、持ち運んで見せるならこれですね」というフレーズ。

これこそがまさに神1行。

女性客の脳裡に、大好きなピンクのパソコンと一緒に暮らすシーンや、持ち歩きながら会議などで周囲に見せたいという思いがわき上がってしまったんですね。

## 3 販売員のテクニック

売り場販売員の話を続けます。

販売員の元には、毎日山のような質問が寄せられます。すぐに回答できる簡単なものから、調べたり、専門家に訊いたり、メーカーに問い合わせたりしないとわからないものまで種々雑多です。

で、この質問に対し、〝ぎゅっと圧縮した答え〟が出せなかったらどうでしょう？

例えば、「どうしてこの掃除機は他と比べて高いんですか？」という質問が来たとします。そこで、「外国製だからです！」と答えたらどうでしょうか？　お客さんは納得するでしょうか？　しませんよね？　恐らく次に、「外国製だとどうして高いんですか？」と訊かれてしまいますよね？

この、質問の回答に対して、また次の質問が来てしまう状態は、圧縮できていない証明。

お客さんが納得するレベルまで達していないということなんです。

この場合は、「○○という新開発の特殊なモーターが搭載されていて、吸塵力が既存品の3倍以上あります。そしてこのモーターは量産ができないので、どうしても単価が上がってしまうんですよ」と答えるのが正解。

これが圧縮であり、神1行です。

そこに、「もう数カ月すると、量産が可能になると聞いていますので、その時点ではかなり価格は下がると思いますよ!」と付け加えれば完璧です。


もうひとつ、例を。

「このデジカメ、軽いんですか?」と訊かれる。そこで、「344グラムですね。軽いですよ!」と答えたとしましょう。これでは必ず、「344グラムというのは他の機種と比べて軽いんですか? どうですか?」と訊かれてしまいますよね? これまた、圧縮し尽くした回答にはなっていないわけです。これではダメ。

回答としては、「344グラムで、決して軽いわけではないですが、撮った画像をスマホにWiFiで飛ばせるタイプの中では一番軽いですよ!」と言ってあげないといけないわけです。こう回答すれば、お客さんは次の質問をしません。「あ、ありがとうございました!」となるんです。

これが、圧縮し尽くした、最終の回答です。

このように、**コンプレッション・フレーズとは、お客さんからの質問がそれ以上出なくするもの。言い換えれば、お客さんからの追加質問を封じ込めるチカラを持っていないといけません。**

質問に答え続け、お客さんの側が完全に納得し、もう次の質問を放てない状態。
これを、コンプレッション・フレーズが完成した状態といいます。

# 第6章

## 〝神1行〟を極める！
## コンプレッション・フレーズのための5つの法則

# ハイブリッド法

**言葉と言葉を掛け合わせることで大きなインパクトを生み出す手法です。**

**同じような言葉を掛け合わせることで重たく、印象に残るフレーズになるんです。**


この方法、作り方に別にこれといった決まりがあるわけではありません。

ですから、これからお話しするやり方をあなたなりに咀嚼していただき、適所で使いこなして欲しいと思います。

例えば、私が以前作った例だと、

**「うまい、おいしい！　バカうま」**


というフレーズがあります。

これ、普通に考えれば、どれも同じ「おいしい」という意味じゃんっていう話ですよね？

ですが、これを「うまい！　うまい！　うまい！」と繰り返すだけでは、「うるさいよ！」ってなります。

選挙時の駅前の演説と同じで、単なる連呼はうるさいだけです。

けれども、**同じ意味でも言い方の違う言葉＝同意異語を重ねる**と、まさにうまさ三段重ね！　**同じ意味なのに、しつこくはならない**んです。重ねるということには、そういう強みがあるわけですね。

他にも、「おいしい」を表す意味の言葉はたくさんあります。英語でデリシャス！とかね。これを繋げてもいいわけです。

「うまい！　バカウマ！　デリシャス！」とか（笑）。

また、逆の言葉を並べてみたりすることもあります。

「甘くて苦い！」とか「キリッとやさしい！」とか。

とにかくひとつの伝えたいことを決めたら、それをひとつの言葉で言うのではなく、いくつかの言葉を繋げたり、重ねたりすることで威力を増していこうというやり方です。

「安い！　お値打ち！　超特価！」、安い感じしません？

「安い！　安い！　安い！」と連呼されると、やかましい！ってなります。

が、「安い！　お値打ち！　超特価！　さらに激安！」まで繋げると、「本当に安いんだな〜」「伝えたいんだろうな〜」という気がしてくる。

**これが強烈な、掛け合わせのチカラです。**

コマーシャルで使われる「ジングル」って知ってます？

ポリンキーポリンキー♪とか、ドンタコスったらドンタコス！とか。ちょっとした短い言葉を繰り返すことで、印象に残すやり方です。その作り方を意識するというのは、ありです。さらに韻を踏んだりするともう最高。

「うまい！　おいしい！」とか、「安い！　おねうち！」とか。

明らかにリズムが生まれます。ということは、記憶にも残りやすいと言えますね。

その意味では、ラップなんかを研究するのもありですね。私は時々ですが、ケツメイシとか聞いてます。

最初にリズムを決めるのもあり。リズムを決めて、そこに言葉を乗っけていくと楽しくできます。

コピーの書き方そのものは、私の本を読んでもらえばよいし、あなたもいろいろとご存じだと思うんだけど、こうした感性の領域は教えられない。

とにかく、一番大事なのは、**「伝えたい要素＝コアバリュー」**を見つけて、それをどう伝えるか？

この掛け合わせ、重ね合わせの方法を知っておくだけで、とても強いです。

このやり方には、無限の組み合わせがあります。

知っている言葉がたくさんあれば、当然ながら、組み合わせの数も増え、無限の可能性が出てきます。

繋げるというのは、無限です。

ぜひやってみてください。


コンプレッション・フレーズのための法則❷

# メタモルフォーゼ法

メタモルフォーゼとは、メタモルフォセスから来ている言葉で、変異するという意味です。言い換えると、姿を変えるということですね。

で、ここでは「言葉の姿を変える」という意味で使っています。

実例で説明しましょう。

畑のキャビアっていう言い方、聞いたことありませんか? あれ、とんぶりのことです。

とんぶりというのは、ほうきぎ（別名…ははきぎ、ねんどう、あかくさなど）の実をいったん乾燥させてから加熱加工したもの。

でも、キャビア並みに貴重だから……ということで、畑のキャビアと呼ばれました。こう呼んでみたらどうだろうという変異ですね。

キャビアは本来高級品なので、とんぶりを言い換える＝変質させることでより価値を上げているわけです。

あるいは、疲れている時に、しゃきっとするドリンク剤と言えば当たり前ですが、そこを知恵を絞って、「飲む点滴」と言い換えると、「お！　効きそうだな！」となりますよね？

この、**言いたいことが決まっていて、それを「なんと言い換えたら価値が出るかな？」と考えるのがメタモルフォーゼのやり方**です。

実際に私が最近手がけた中には、こんなものがあります。

タイのバンコクで柚子胡椒をテスト販売したいと、ある女性社長から依頼を受けました。その社長のお父さんが九州の出身で、柚子胡椒のレシピがあってそれがすごくおいしいと。中身が黄色い柚子の皮とお塩、それに赤いあらびきの唐辛子を練って作るんだそうです。見てみると、キラキラしたオレンジ色の粒々がとてもきれいです。

で、実際、いろんな料理に使ってみたんですが、これはメタモルフォーゼが使えるな！と。

そして最初に生まれたのが、

「マンダリンスターダスト」

というネーミングでした。

マンダリンは柚子のことなんですが、それの結晶なんだよ……と。柚子の結晶だという言い方で、違う価値を見せたいと思ったんです。

それから、

「オレンジダイヤモンドダスト」。

オレンジ色のキラキラした結晶だと。

そして、この商品は、大地の結晶でもあります。大地からの恵み、植物です。

なので、

「クリスタルオブアース」とか?

それから、食べると体の中から熱くなる、という意味で、「プレゼントフロムコロナ（太陽）」と言ったり、「スターダストオブサン」とか……。

こんなことを考えるわけです。

全部言い換え、変異です。

言い換えて、もっといい言い方がないか？と考え、さらにもっと突っ込んで言い換える。

そうするとすごいものに感じられるフレーズが出てきます。その瞬間が必ず来ます。どうせなら、ひねる回数も1回や2回ではなく、複数回ひねってみる。

もちろん、**ひねりすぎてなんのことだかわからなくなるというの困りますよ。それはNGです。**

この手法、私は好きでよくやっています。


そうそう、思い出しましたが、昔、小豆《あずき》のことを赤いダイヤって呼んでましたね。小豆がすごく貴重だった頃の話です。

また、あなたが今、使っているスマートフォンだって、もはや電話というよりパソコンです。**電話**ができる「持ち運べるコンピュータ」。

これらもひとつのメタモルフォーゼですね。

この手法。ツボにはまると絶大な効果を発揮します。


**商品やサービスを、よく見てあげて、いろんな角度から考えてあげて……最後、ここだよね！という言い換えがはまると素晴らしいです。**

コンプレッション・フレーズのための法則❸

# シャッフル法

これは簡単。

**入れ替えればよいだけです**（笑）。

普通、コピーを書く時は、「わかりやすくシンプルに」を心がけろと言われます。もちろんそれは当然なんですが、でも、単にわかりやすくシンプルなだけでは、面白みが出ないことも多くなります。

例えば自動車のコピーで一時代を築いた、

「モノより思い出。」

というコピーがあります。もちろん圧倒的にすごいコピーなんですが、あえて言えば、整いすぎている感じもします。

整いすぎているというのが違うなら、素直すぎるというか……。もう少しカサカサと読む人の頭に引っかかるモノが欲しいというか。


例えば、「いつもあなたのそばに……」みたいなコピーってありますよね？

あるいは、「常にお客さんを第一に！」とか。


でも、その思いをそのまま書いたのでは、あまりにもつまらない。

この場合、**言い方を変えることでしか、強い言葉にならない**んです。

そこでシャッフルです。

先ほどの、「いつもあなたのそばに」なら、これをシャッフルして、

「そばにいる、いつも……」

と言ったほうが明らかに強い。

「常にお客さんを第一に」も同様。

「第一は、いつもお客さん」としたほうが明らかにチカラを持ちます。

私が以前、作った、

「東京、降りそう。雪」

というのもそれです。

普通なら、「東京は雪が降りそうです」となるところを、シャッフルしてみた。

これで、当時は（今もそうかもしれませんが）あまり雪の降らない東京に、珍しく雪が降る……というインパクトが高まったと思っています。

**人は基本、頭と最後を見るんです。**

「行くよ、逢いに、明日!」

というのもありましたね。

**順番を入れ替えるのは、力任せに意味を変えることで、強烈に興味を持ってもらいやすい効果があるんです。**

それから、

「苦いお茶、うまい!」

というのもありました。こうすることで、「苦い」と「うまい」が、シーソーのように、フレーズの両サイドでバランスを取っている。落ち着きのある、でも一瞬で均衡が崩れてしまうような危うさも感じられる。そんなコピーになっています。

ここで紹介しているフレーズは、3つの言葉でやっていますが、ダレさえしなければ、商品次第では4つ以上でも行けると思います。

**シャッフル法というのは、まずはコアバリューを見つけて、それをストレートに表すコピーを書いて、そこからシャッフルして効果を増していく方法です。**

普通とは違う並びにしてみるだけで大分変わってきます。

ぜひチャレンジしてみてください。

コンプレッション・フレーズのための法則❹

# クローズアップ法

**普段は表に出さない要素にフォーカスして、一気に目立たせてしまうやり方がクローズアップ法です。**

商品、特に食品とか飲料って、成分表みたいなの、くっついてますよね？

例えば、私がこのところはまっているサントリーの特茶。毎日３本は飲んでいます。で、この特茶。成分表の中に、とても気になって仕方ない言葉が出てきます。

「ケルセチン配糖体」という言葉です。

聞いたことない！　なんだこりゃ?ってなりました。少なくとも私にとっては、未知の言葉だったんです。

このように、**クローズアップ法は、自分にとって、なんらかの強いインパクトのあった言葉を選んでいくことがスタートです。**

「ケルセチン配糖体」。もちろん知らなかったわけだし、だからと言ってコピー的にはそれを詳しく説明することでもありません。

要は、この言葉を**「目を引く」ためのキー**として使えばいいんです。

で、どうするか?というと……。

「ケルセチン配糖体って知ってました?　私は知りませんでした……」と素直に書けばいいんです。それでグッと引き込むことができます。そしてそのあとに、

「詳しく調べてみるとカテキンとは違って云々……」

と簡単に解説する。

これでその商品の強みとか凄味が見えます。

もちろん**情報はプラス寄り**でなくてはいけませんよ。

こうして裏に潜んでいた情報をクローズアップして、日の当たる場所に移してあげる。

これをやると、読む側は、聞いたことない言葉だけど、知らないままで終わるのもいやだ！となります。

この手法、私は〆切が迫って時間のない時によく使います。
あなたもぜひやってみてください。

コンプレッション・フレーズのための法則❺

# トランスファー法

これは、**読ませたいターゲットになりすます方法**です。
私はイタコ法とも呼んでいます。
イタコ、恐山のイタコです。
**そこにいない人に成り代わってしゃべる**わけです。

あなたが一番気にしているターゲットが、その商品を評価する時に、どんなことを言うか？　例えば、あまり期待してなかったんだけど、実はすごく良かったよ、と言うのであれば、その言葉はとても効果があります。

極論すれば、事前の評価が大きくド・マイナスだったとします。

ですが、実際には大きくプラスに変わった……と。

そうすると、いい意味で**「騙された」**となりますよね?

**ここがポイントです。**

「騙されました!」。この言葉は普通、最大のマイナス表現ですよね? ですが、そこにこう続けます。「最初はそう思ったんです」

「『でも、実際に〇〇』してみたら。いや〜、すごいよかった」と続けます。

**最初はマイナス↓プラマイゼロ↓大きくプラス!**

**この小さなストーリーがものすごい効果を生む**んです。

私自身、このストーリーを多用します。

大好きな手法ですし、得意でもあります。

それをさらに強化するために、ド・マイナスからド・プラスへ、という流れを作るんです。

ターゲットに成り代わって使ってみないとわからない、体験しないとわからない良さを伝えるやり方。すごい強烈です。

また、お客さんから聞き出したものを、まさに「お客さんが言ったように書く」というやり方もあります。

もう一度言いますが、要は**ド・マイナスから徐々にプラスに上がって加速していく方法。**

大抵のものは売れます。

文章力が必要になるのとキーを見つけるのが大変ですが、これがうまくはまると本当に売れるのでぜひやってみてください。

ここまで5つの手法をご紹介してきました。

他にもいろんな手法はあります。

が、当面、これだけ知っていれば十分。

これで神1行は生まれます。

ですが、**何度も話しているように、「何を言うか」がズレていてはどう書いてもうまくは行きません。**

いくらコピーをいじっても意味がないんです。

ちゃんと手順を踏んで、正しいやり方でやっていけば確実に届きます。
これでライバルがいなくなるわけです。

# 第7章

# 〝神1行力〟レッスン

この章では私、中山マコトが〝**1行をお金に換えるため**〟**にやってきた訓練法**をご紹介しましょう。

訓練といっても、そんなに肩肘張ったモノではなく、写経のように心を無にして取り組むモノでもありません。

言ってみれば、日常のちょっとした情報とのふれあいから、知らないうちに書くチカラ、発想力が磨かれていく。そんな方法です。

私の教え子、弟子、仲間たちがこの方法でどんどん神1行力を鍛えています。そして成果に繋げています。

ぜひあなたに合ったやり方を選んで、チャレンジしてみてくださいね。

## 雑誌の特集記事を読む

私は雑誌をかなりたくさん読みます。特に、女性向けの雑誌はピーク時には月に20冊くらい購読していたくらいです。

例えば、「Ｐｏｐｔｅｅｎ」とか「ａｇｅｈａ」とか（笑）。

いいおじさんが電車の中でこうした雑誌を読んでいるのですから、ちょっと不気味だったかもしれませんね。

さて、では、私はどうしてそうした女性向けの雑誌を積極的に読んでいたのでしょうか？

答えは……。

女性の気持ちを知りたいからです。

私は男性です、これ、間違いないです（笑）。

ですから男の気持ちはかなり理解できます。推測もできる。

だから男性向けのマーケティングテーマを与えられても、ある種、自信満々で立ち向かうことができるわけです。が、女性向けの場合はそうはいきません。

私自身、女性の深いところまではどうしても理解できない。

仮にわかったつもりでいるならそれは大きな間違いであり、驕りです。

中でも、若い女性たちの感性とかライフスタイルはもっとも遠い部分です。

ですから情報を得るために、少なくとも女性たちの心の一端だけでも垣間見ることができるように、雑誌を読みます。

ではなぜ雑誌なのか？

答えは簡単！

**雑誌には新しい情報と、ビビッドな感性が集積されているからです。**

雑誌は、ザックリ言うと編集者とライターによって作られます。

そして、こうしたファッション誌の編集者やライターは、常に新しい情報が集まってくる場にいます。

新情報の宝庫なんです。

ですから彼女や彼らが作る雑誌はいつも新しい、「ニュー」の集まりです。

**中でももっとも新しい情報が集結する場所が、巻頭特集です。**

これから来そうなトレンド、すぐにピークを迎える流行。

未来への萌芽。

そうした最新情報が多く集まるのがこの巻頭特集です。

しかも巻頭特集には編集者、ライターが思いをつぎ込んだ、キラキラした言葉やフレーズが溢れています。競い合っています。

そのキラキラした言葉を追いかけているだけで、こちらもワクワクしてくるんです。

流し読みでもオーケー。飛ばし読みでもオーケー。

こうしたキラキラした言葉を目に焼き付けてください。

これ、神1行的にはすご〜〜く役に立つ情報です。

それからもうひとつ。

**雑誌のとても重要な部分が広告です。**

人気の雑誌は広告掲載料も半端なく高いです。

見開きで数百万するのもザラです。

で、その高額な広告費を使っても雑誌に掲載する理由ってなんでしょうか?

そう、売れるからです。

その雑誌に、その広告を載せると売れる。だから各社、高額な広告費を投じて広告を出稿します。

加えて、出稿している雑誌は、通常、複数誌にわたります。

いくつもの雑誌に、同じ内容の、同じ商品の広告がたくさん掲載されているということなんです。

ということはですよ。

そう……。その広告は稼いでいるということ。

お金を持ってきてくれる広告だからこそ、何誌にも掲載できる。

つまりは、**売れる秘訣、稼ぐポイントがその広告には隠されている**ということになります。

その秘訣を盗んでください、見つけ出してください。

場合によっては、広告の資料請求欄から申し込んでみたり、サンプルを取り寄せてみたり。

そうすることで、売れる秘密の一端に触れることができます。

**広告を吟味すると、「あ、このフレーズでみんな気持ちが動いちゃうんだな！」とか、「こういう表現が、女性たちの心をつかむんだな！」というツボ＝勘所が見えてきます。**

この手法、本当に有効なので、ぜひあなたもやってみてくださいね。

## 名曲の歌詞に学ぶ

最近、歌詞に〝チカラ〟がなくなったと感じます。

なんだか、私小説、いえ、小説にもなりきれていない、狭い、小さな世界でのつぶやき。

要は〝ひとりごと〟です。

正直、つまらないし、人の感性も小粒になったものだと思います。

少し前まで、歌詞にはチカラがありました。

まさに、プロの作詞家が切磋琢磨し、血を流し、経験を込め、一語一語を必死で紡いだ。

そんな歌詞がありました。まさに神1行です。


だからこそ、ひとつの曲で人生を変えた人もたくさんいた。

それが、歌の、歌詞のチカラでした。

強い言葉、強い文章だからこそ、人の気持ちを動かし、時には人生をも変えるチカラを持ったのだと思います。


**曲が、歌詞が人の人生を変えたり動かしたりできるのならば、私たちが普段書く文章や言葉を、もっともっと強くするための〝秘訣〟のようなものがそこに隠されているのではないでしょうか？**

実際の歌詞で、学んでみましょうか。

最初は、アン・ルイスさんの「ＷＯＭＡＮ」です。若い方にはピンとこないと思いますが、女性ロックシンガーとしてはまさに最高峰の人。名曲を連発し、カラオケでもものすごく歌われる曲をたくさん持っている方です。

一般的には「六本木心中」とか、「ラ・セゾン」が有名ですが、私はこの曲、「ＷＯＭＡＮ」が大好き。素材として素晴らしいので取り上げます。

２０１３年時点で、事実上の引退をしたままで、生の歌声を聴くことはできませんが、ぜひまた聴かせて欲しいものです。

アン・ルイス――WOMAN
作詞…石川あゆ子
作曲…中崎英也

日本音楽著作権協会（出）許諾第 2001003-001 号

＊＊＊＊＊＊＊＊＊＊＊＊＊＊＊＊＊＊＊＊＊＊＊＊＊＊＊＊＊
つわものどもが夢のあとだね
静かな波が打ち寄せてる
月の光を瞼に受けて

とてもきれいな気持ちになる

あの日あなたと踊ったドレス
冬の海へと流しに来た
通り魔みたい あなたの愛が
今この腕を離れてゆく

MY NAME IS WOMAN
悲しみを身ごもって優しさに育てるの
MY NAME IS WOMAN
女なら耐えられる痛みなのでしょう

砂も地球のかけらなんだと
いつかあなたが話してたね
そんな言葉を思い出すたび
皮肉ね心救われるよ

濡れた足首 投げだして
このままここで眠りたいわ
手を縛られた夜の鳥達
せつない声をあげるけれど

MY NAME IS WOMAN
淋しさを身ごもって人生が始まるの
MY NAME IS WOMAN
後悔の涙ではないと誓えるわ

あの日あなたと踊ったドレス
冬の海へと流しに来た
通り魔みたい あなたの愛が
今この腕を離れてゆく

MY NAME IS WOMAN
悲しみを身ごもって優しさに育てるの

MY NAME IS WOMAN
女なら耐えられる痛みなのでしょう
＊＊＊＊＊＊＊＊＊＊＊＊＊＊＊＊＊＊＊＊＊＊＊＊＊＊＊＊＊＊＊＊＊＊＊

石川あゆ子さんという女性が書いた、失恋の歌、悲しい詞です。
私が注目したのは、まずはこの部分、

MY NAME IS WOMAN♪
悲しみを身ごもって優しさに育てるの♪
MY NAME IS WOMAN♪
女なら耐えられる痛みなのでしょう♪

失恋の心の痛みを、単に悲しい、寂しい、悔しい、辛いと嘆くのではなく、
〝悲しみを身ごもる〟
という、まさに〝女性にしか決して理解できない感覚〟に置き換えています。
そして、その身ごもった悲しさを、〝優しさに育てる〟と続けます。
この置き換え……見事です。

ひとつの別れが、傷ではなく、明日への希望に変わる瞬間。

まさに、

**〝妊娠↓出産〟という、男性には絶対に経験できない事象に置き換えることで、〝女性の強さ＝男性の弱さ〟を見事に対比してみせました。**

ひょっとすると捨てた側かもしれない男が実は負け犬で、捨てられたように見える女が実は薄皮を一枚剥いで成長していく。

一瞬の主客逆転です。

**この身ごもる↓育てるというフレーズ。文章を書く際に使うと実に強烈なインパクトを与えることができます。**

例えば、

〝あの瞬間、身ごもった感激が、数秒後には感動に育った！〟

のような感じでしょうか？

あるいは、

〝あの日身ごもったシンガーへの憧れ。今、この舞台へと育ちました！〟

とか……。

単に、出会ったとか巡り合ったと書くよりも、強いですよね？

いろいろと使ってみてください。


さて、次に注目すべきフレーズ。

もちろんココ。


砂も地球のかけらなんだと♪

いつかあなたが話してたね♪


私はこの詞に最初触れた時、まさにズシンという音を聴いた気がしました。

心の奥底までその衝撃が届いたんです。


砂も地球のかけら。


なんと壮大で優美で、そして繊細な言葉でしょうか？

男女の関係に、恋愛に、これだけの壮大で優美で繊細な言葉を充てる。

恋愛とはそれほど深く、難しいモノなんだよ！　男と女は、そのくらい微妙な関係なんだよ！ということを伝えてきます。

このフレーズ、実はいろんなシーン、いろんな局面にアレンジして使えます。

**「あなたの言葉は、あなたのかけらなんだよ！」**

ね？　これだけで相手はグッと来ます。

**「あなたの人生は、歴史のかけらなんだよ！」**

これだけで、普通の一人の人の、ひょっとすると平凡な人生が、大きな物語になりませんか？


この、砂も地球のかけらというフレーズ。

実に奥深く、そして使い勝手の良い言葉です。

ここぞと言う勝負所で、ぜひ使ってみてください。


さて、次の曲は、平成の生んだまさにダンスの申し子たち、ｔｒｆの「BOY MEETS GIRL」です。

ｔｒｆ――BOY MEETS GIRL
作詞…Tetsuya Komuro
作曲…Tetsuya Komuro

NexTone 許諾番号 BP000050061

＊＊＊＊＊＊＊＊＊＊＊＊＊＊＊＊＊＊＊＊＊＊＊＊

Boy Meets Girl　それぞれの　あふれる想いにきらめきと
瞬間を見つけてる　星降る夜の出会いがあるように
Boy Meets Girl　あの頃は　いくつものドアをノックした
あざやかに描かれた　虹のドアをきっと見つけだしたくて……

夜明けまで歌ってた　あなたが得意なSWEET LOVE SONG
やけに思い出しちゃって　スーツケースに入れとこう
旅立ちを決めたのは　勢いだけじゃないから
あなたと過ごした日は　20世紀で最高の出来事!!

Boy Meets Girl　出会いこそ　人生の宝探しだね
少年はいつの日か　少女の夢必ず見つめる

Boy Meets Girl　輝いた　リズム達が踊り出してる
朝も昼も夜も風が南へと　心をときめかせている

安らぎが欲しかった　誇れる場所が欲しかった
だけど大切なのは　あなたとあの日　出会えたことね

Wow　Wow　Wow　Wow
Boy Meets Girl　それぞれの　あふれる想いにきらめきと
瞬間を見つけてる　星降る夜の出会いがあるよに
Boy Meets Girl　あの頃は　いくつものドアをノックした
あざやかに描かれた　虹のドアをきっとみつけて
心をときめかせている

Boy Meets Girl　出会いこそ　人生の宝探しだね
少年はいつの日か　少女の夢必ず見つめる
Boy Meets Girl　輝いた　リズム達が踊り出してる
朝も昼も夜も風が南へと　心をときめかせている

＊＊＊＊＊＊＊＊＊＊＊＊＊＊＊＊＊＊＊＊＊＊＊＊＊＊＊

愛した男の元を、女が去って行く。スーツケースひとつを手に、軽やかな足取りで。なぜ去って行くのか？　その答えはこの詞には書かれていませんが、いずれにしろこれは少女の成長物語。この時代から、置いて行かれるのは男のほうになりました。

少なくともこの詞に、男女の別れの悲痛さとか辛さはありません。

明るく渇いた別れ。つまり……卒業です。

この曲、作詞も作曲もかの小室哲哉氏です。小室氏、プロデューサーとしての手腕ばかりが取りざたされますが、実は多くの詞も手がけています。この「BOY MEETS GIRL」もそのひとつ。

迫ってみましょうか。

この詞の中には、私が度肝を抜かれたあるフレーズがあります。

それは……。

「あなたと過ごした日は　20世紀で最高の出来事!!♪」

というフレーズ。

この曲の中で小室氏は、

「Boy Meets Girl　出会いこそ　人生の宝探しだね♪」

と言っています。

男と女が出会うこと。一般的は、恋だ愛だと言いたくなるところを、少し引いて、でもたくさんの希望を込めて〝宝探し〟と言い切る。


そしてその宝探しの結果、少年はある少女と出会う。

そして、少女はその時間を、二人で過ごす時間を、

「あなたと過ごした日は　20世紀で最高の出来事!!♪」

と宣言する。

壮大です。


これまでで最高!

出会った人の中で最高!

人生で最高!

この辺りまでは言えるでしょう。

が、20世紀で最高の出来事……と言われてしまえば、まさに最高。

少なくとも並ぶモノはない、至福の時間になります。

今なら、あなたと過ごした日は21世紀で最高の出来事だよ！

こう言われて心動かない人はいないでしょうし、ここまで壮大な告白は、逆に信じるしかなくなる。

そういうことなんだと思います。

## インターネットの質問サイトはネタの宝庫

インターネットの質問サイトってありますよね？

シロートさんが素朴な疑問から深い悩みまであらゆる相談を投稿し、それに回答者が答えるという仕組みです。

でね、この質問サイトっていうのが、実は神1行力をつけるのには最高の道具なんですよ。

さてでは、どう使えばよいのでしょうか？

## **それは、質問です。**

ややもすると、面白い回答に目が行きがちですが、実は質問のほうにこそ、神1行力を発揮するための材料がたくさん隠されているんです。

例えば、年金に関する質問を探してみると、次のような質問がたくさん出てきます。

「年金の受け取りは何歳からが一番お得なの？」とか「年金の年間受給額を知りたい」とか「そもそも年金がもらえるかどうか知りたい」など。

これ、神1行の宝庫です。

あなたが仮に、年金にとても強いコンサルタントだとすると、

「あ～、こんなことで悩んでいる人がいるのか？」「こんな簡単なことすら知らないのか？」「こんな深い悩みがあるのか？」

など、一般の人の悩みそのものに触れることができるわけです。

とすれば……

**その質問をそのまま、神1行に使うことだってできますよね？**

**「○○で悩んではいませんか？」って。**

そしてその悩みを解決できる人ですよ〜、私は！って宣言してあげれば、それだけであなたを頼る人が寄ってくるハズですよね？

これが質問サイトの使い方です。

あなたの持つ専門領域に応じて、質問サイトの検索をして、そこで数が多くまとまっている質問は、そのままニーズだということになります。

このリサーチ法、ぜひ身につけてくださいね。

## 周囲の人たちの話し声に耳を澄ます

はるか昔、松任谷由実になる前の、荒井由実時代のユーミンは、横浜の山手にあるドルフィンというカフェで日がな一日、周囲の人の話す内容を聞いていたという話があります。

人間観察であり、ヒントの探索ですね。

で、その方法で手に入れた言葉から、実に多くのヒット曲が生まれたと言います。

そう、**人の会話はヒントの宝庫、神1行ネタの鉱脈**なんです。

しかしながら、私の周囲の人を見ていると、あまりにも周りの声に無頓着な人が多すぎます。

いいえ、声だけでなく態度、行いなどにも多くのヒントが隠されているにもかかわらず、気にしてもいないし、気づいてもいない。

これ、もったいなさすぎです。

例えば、私の例で言えば、あるコンビニエンスストアでのこと。

小学校低学年くらいの女の子とそのパパの会話です。

二人はコンビニのスイーツコーナーにいました。

で、パパが娘に、「○○ちゃん、今日はよく頑張ったからご褒美にケーキ買ってあげるよ！　好きなのを選んでいいよ！」みたいなことを言ったんです。

娘さんは、「わ〜い！」って感じで、選び始めました。

が、それから数十秒経った頃でしょうか？　その娘さんがこう言うんです。「他のお店に行く！　このお店、可愛くてキレイなケーキがないんだもん」

そうして二人は店を出て行ってしまいました。

売り場に華やかさがなかった、キレイで可愛いケーキがなかった。だから選ばれなかった。

それはそうなんですが、その二人が会話している場所からほんの2メートルくらいの場所で、スタッフが棚に品出しをしていたんです。

どう考えても、この二人の会話は聞こえていたハズです。

そしてその聞こえてくる会話をベースに、スイーツ売り場を改変すればもっともっと売れる売り場が、売れるマーチャンダイジングが可能になったハズです。

が、ショックなことに、その品出しをしている男子スタッフは、一切その会話を聞いていませんでした。

これ、大きな大きなチャンスロス。実にもったいないです。

そして、これに類することって、そこいら中にあります。

**要は、周囲に目を、耳を、気持ちを配っていない。**

**だから大事な大事な、そしてありがたい情報に気づかない。**

本当に大きな損失だと思うんですよ。

こうした**周囲に溢れるヒントは、すべて無料で手に入ります**。ユーミンの例を応用すれば、1円も使わずに、うまくすれば巨額の利益を呼び込むことができます。

これも神1行のひとつの在り方。

もっともっと**周囲に隠れている鉱脈を掘り起こす努力**をして欲しいんですよ。

# 第8章

# 〝神1行力〟はこう使え！

さて、神1行は、どんな使い方ができるのでしょうか?

言い換えれば、どう使えばお金に換わるのでしょうか?

知りたいですよね?

ということで、この最後の章では、ブログのタイトル、企画書、看板、広告コピー、募集コピー、チラシタイトル、ホームページタイトルについて、具体的な神1行フレーズ35例を挙げます。

神1行を生み出すためのヒントにしてください。

## 出産したばかりのママのための自宅でできる楽々ダイエット

例えば、ブログのタイトルに。
出産したばかりのママは、どうしても太ってしまうモノ。
でもハードな運動はできないし、外出もしづらい。
そんなママに、
家でできる、ラクラクなダイエット法があるんですよ!と教えるタイトル。

**（営業系リーダーのための）**
**叱らなくても部下が成果を出し続ける究極の掌握術!**

営業系リーダーは、売り上げ・成績を上げなくてはいけません。
が、部下を叱ってやる気をなくされても困るし、反発を受けるのもシンドイ。
そんなリーダーのために、
叱らなくても部下が自発的に動く方法があるんだよ!と伝えるタイトル。

**小学校低学年の子どもが、突然勉強好きに変身したある方法**

小学校低学年の子どもを持つママの最大の悩みは、子どもが勉強をしないこと。
でも大丈夫! この方法を知ると、
子どもが自発的に学ぶようになるんだよ!と伝えるタイトル。

## バカ売れキャッチコピーを面白いほど書き続けるテクニック集

売れるキャッチコピーを書きたい！
でもやり方がわからない！という人に、
この方法を知れば、バカ売れキャッチコピーが次々と書けるようになるんだよ！と教える
タイトル。

## 一切のストレスなしに、ブログを毎日書き続ける方法

ブロガーの悩みは、続けられないこと。
習慣化の本を読んでも、やはり辛いモノ。
だとしたら、
心理的負担なしで、毎日続けられるようになる方法があるよ！と言うタイトル。

## シェアNo.1……365日奪還計画

例えば、企画書のタイトルに。
特に大手企業は、自社のシェアを気にします。
そして、いったん下がったシェアはなかなか戻らない。
その大命題に対して、
たった365日でシェア1位を奪取できるよと伝えています。

## 撒くだけで2倍の集客を達成してきたチラシの作り方提案

チラシで集客をしたい会社・店は多いです。
が、本当に効果的なチラシが作れるか?というと、それは大変なこと。
ですから、
撒くだけで2倍の集客ができるチラシ、作りたくないですか?と伝えています。

## 前年と同じ広告費で認知度No.1を実現する方法

広告宣伝費はどんな企業にとっても大きな負担です。
でも、知って欲しいし売り上げをアップしたい。
そのジレンマに対し、
前年並みの広告費で認知度を一番にする方法があるよ！と迫っています。

## 求めていた人材しか集まらない募集チラシのご提案

人材の確保は各社の悩み、永遠の課題と言ってもいいでしょう。
そして求める人材を集めるのはもっと至難の業です。
そこで、
欲しい人材しか寄ってこないチラシを作れるんだけど欲しくないですか？と迫っています。

## 残業代を減らして、売り上げを50%上げる管理術のご紹介

残業代の問題も企業の大きな課題。
経営を圧迫する面もあります。
ですが、残業もある程度はしないと経営面では苦しい。
そこで、
残業代を減らして売り上げを上げる方法があるよ!と迫っています。

## ××エリアで○○ができるのは当社だけ

例えば、看板のコピーに、
地域一番と言うだけなら誰でもできますが、本物の実績・実力を踏まえた宣言は難しいモノです。
そこで、
当社以外にできる会社はないんですよ!と自信満々に伝えています。

## 地域の揉めごとを減らしたい！　相続に強い税理士です。お気軽にご相談を。

誰にも地元愛はあるものです。
そして地域の揉めごとも気持ちの良いモノではありません。
特に相続の問題は生々しくて辛い。
そこで、
自分が間に入れば揉めごとはなくなりますよ！と宣言しています。

## 出前依頼地域一番のそば屋です

そば屋さんの大きな収入源のひとつが出前。
その出前が多いということは地元に密着し愛されている証拠。
ということで、

地域で出前数一番ですよ！と伝えています。

## 本当に暮らしやすい家を造る会社です

家を建てるだけなら建築の技術さえあればできますが、本当に暮らしやすい家を造るとなると、施主の声を聞いたり、きめ細かい設計をしたりと、技術以外の要素も必要になります。

そこで、

技術だけでなく暮らしやすい家を造る能力にも自信がありますよ！と語っています。

## 地元小学校出身のオーナーがやっている中華料理屋です

同じ地域出身の人は応援されやすいですね。

特に、飲食店の場合は外様よりも地元出身者を贔屓する傾向にあるようです。

そこで、

地元出身者だから地元の人に愛されてきました！　恩返しの気持ちです！のような関係を

伝えています。

## ○○機能が使えるのはコレだけ

例えば、広告のコピーに。
各社、機能合戦を繰り広げていますが、消費者が気になるのは、「あなたの強みはどれよ?」ということだけです。
ですから一番の、他にはない強みを、
当社品だけですよ!と宣言しています。

## 18歳からのスキンケア

スキンケアに強い商品はたくさんあり、各社、成分合戦に陥りがちです。
そこでターゲットを絞り、
この年代の抱える問題はウチしか解決できませんよ!と言い切っています。

## 機能も他社には負けません。が、自慢は業界一の軽さです

機能の差別化はなかなか難しいです。
外からは違いが見えにくいですし。
そこで明らかに異なる部分、自信のある部分を、
一番軽いのをお望みなら当社ですよ!と言い切っています。

## 東大受験生専門成功塾

進学塾もたくさんありますが、群雄割拠です。
が、やはり最高峰は東大です。
その東大に入りたい人に、
ウチが一番成功率が高いよ!とターゲットを絞って宣言しています。

## 去年○分間に4台売れ続けたデジカメです

実績を伝えるには数字を使うのが確実。
数字は嘘をつけません。
中でも、実売の勢いを示す数字は実に大きな威力を発揮します。
そこで、
去年、飛ぶように売れた大人気商品なんだよ！とダイレクトに伝えています。

## 終電に乗り遅れることのないよう、10時半閉店の店です

例えば、スタッフ募集のコピーに。

アルバイト先を探す場合、終業時間は気になりますよね？　特に、遠方から通う場合は終電の時間に間に合うことは必須です。

そこで、

確実に終電に乗れるから安心してね！と伝えています。

**（大学生専門）時給だけが目当ての方には不向きですが、就活に役立つ接客を学ぶには最高の店です**

就活を控えた大学生は、就活に役立つアルバイトが嬉しいモノです。
この店は、そういった大学生に向けて、
ウチでアルバイトをすると就活に役立つものが手に入りますよ！と伝えています。
先輩たちもそうだったんでしょうね？

**アルバイトマニュアルはありません。マニュアルなしでもできるようにシンプル化しています**

アルバイトを探す場合、仕事の難易度も重要な要素です。
他の条件が良くても、あまり難しいと敬遠されますから。

ですからここは、
苦労なく憶えられる仕事ですよ！と言い切っています。

## ○○大学の学生さんが主流です。仲良く働ける職場です

職場環境を考える時、自分と似た条件の人が多いと安心ですよね？
この店はそこを強調して、
あなたと同じ学校の人が多いので安心でしょ？と言っています。

## 賄いなら地域一番の味と量。自負しています

アルバイトの条件として賄《まかな》いも重要です。
その賄いを売り物にすべく、
賄いなら負けませんよ！　食べるのが好きならウチだよ！と伝えています。

## 他店より1円でも高ければ差額を返金します！

例えば、チラシのタイトルに。
ずばり、自信満々のチラシです。
やはりお客さんの関心は価格ですからね。
その部分を、
他よりも安い自信あり！と伝えています。

## 朝起きるのが辛いという方に、解決法あります！

朝、起きるのが辛いという人多いです。
できることなら改善したい！　でもどうやったらよいのかわからない。
そんな方に対し、
朝の辛さを解決する方法あるよ！と伝えています。

## あなたの保険、見直せば500万円安くなります

保険の内容って、結構、みんな無頓着なモノです。
が、指摘されてみれば、諸々の問題があるかも？と感じます。
そこで、
ちゃんと見直せばすごくお得になるかもよ！と伝えています。

## 安いのには納得の理由があります。詳しくはwebで

高い場合は一生懸命価格の説明をしますが、本当に重要なのは、安い場合です。
そのままでは怪しく、粗悪に見えてしまいかねません。
ですから、
安い理由もキチンと開示していますよ！　安心してね！と訴えています。

**こんなにおまけを付けて!と社長に叱られました。売れなければれくびかも?(販売部長)**

これはブラックユーモアコピーです。
が、読んだ人はドキッとしますね。
そこで、
買って欲しいんだよ! 助けてよ!と伝えているわけです。

**あなたの最後の1軒になります! ○○エステサロン**

例えば、ホームページのタイトルに。
エステに通って成果が出ずに困り果てている人、多いです。
もう何を信じたらよいのかわからない。
そんな人に対し、
最後の最後、当店を信じてみませんか?と語りかけているわけです。

## 医者が通う歯医者。○○歯科医院

専門家がお墨付きをくれれば、それはとても強いです。
で、その専門家の典型がお医者さん。
そのお医者さんが多く通ってくる歯科医院ですよ、と伝えれば強いですよね。
そこで、
当院は専門家も認めています、と伝えているわけです。

## 社員の実になる、会社の実になる、実績直結マナー講師

マナーってわかりにくいです。

マナーのレベルを上げたからと言って売り上げや利益に繋がるのか？　そんな疑問もあるでしょう。

ですからここでは、

私の手法は、社員の、会社の実になり、実績にも直結するんですよ！と伝えています。

## これまでエステサロンを利用したことのある方だけご覧ください

先ほども出てきましたが、エステサロンはなかなか成果に繋がらないとお悩みの方、多いです。

このサロンはそこを逆手にとって、「あなたが感じている不満や嫌な思いはすべてさせません！」と言い切ります。

つまり、

自信があるから他と比べてね！と言い切っているわけです。

## 誕生！　日本初の○○

人は何ごとも新しいモノが好きです。

新しいモノに関心を示します。

そこで、
日本で初めてのモノが登場したんだよ！とズバリ言い切っています。

# おわりに

**伝えるということは「伝わるやり方」を知るということです。**

そして、その効率が良ければ良いほど、あなたを助けます。

１００回言うよりも20回言うよりも１回。

１００行書くよりも20行書くよりも１行。


多少、下世話な話をすれば……。

人の１００倍の効率で伝えるチカラを持っていれば、人の１００倍のことを伝えられます。

人が１万円を稼いでいる時間で、１００万円を稼ぐことができる。

そういうことです。

人が一人を集めるのに汲々としている時に、同じ時間で１００人を集めることができる。

それが、神１行のチカラです。


あなたに無駄な時間を使って欲しくなくてこの本を書きました。

理想的な効率に近づいて欲しくてこの一冊を仕上げました。

この本が、あなたに神1行を届け、あなたのビジネスを「神ビジネス」に変革することを願っています。

桜の開花が待ち遠しい、1月の頭に。

中山マコト

【著者プロフィール】

中山マコト（なかやま・まこと）

ビジネス作家兼コミュニケーション実現アドバイザー

伝わる言葉研究者兼コピープランナー

マーケティングシンクタンクの設立に参加後、マーケティング、販売 促進、広告制作に携わる。小売業、飲食業、サービス業などの売り上げ強化に手腕を発揮し、2001 年に独立しフリーランスへ。独立起業以来、広告・販促プランナー、コピーライターとして、大手広告代理店、大手製薬メーカー、食品メーカー、飲料メーカー、日用雑貨メーカー、コンビニエンスストアチェーン本部など、多くの国内外の有力企業をクライアント として手がけ、伝わる言葉を駆使した販促、集客の手腕に定評がある。

著書は『「バカ売れ」キャッチコピーが面白いほど書ける本』（KADOKAWA）、『「バカウケ」キャッチフレーズで、仕事が 10 倍うまくいく』（学習研究社）、『フリーで働く！と決めたら読む本』（日経ビジネス文庫）、『副業で稼ぐ！と決めたら読む本』（日本実業出版社）、『仕事は名刺と書類にさせなさい』（講談社＋α文庫）、『そのまま使える「爆売れ」コピーの全技術』（かんき出版）、『「伝えたつもり」をなくす本』（総合 法令出版）など 48 冊を数える。

〈公式サイト〉https://www.makoto-nakayama.com

神《かみ》1行《ぎょう》—『バカ売《う》れ』する言葉《ことば》の作《つく》り方《かた》

2020年3月4日　　第1刷　発行

著　者　中山《なかやま》マコト
発行者　林　定昭
発行所　シャスタインターナショナル
〒203-0013　東京都東久留米市新川町2-8-16
電話　042-479-2588（代表）
https://www.shasta.co.jp
印刷所　中央精版印刷株式会社


ISBN978-4-908184-25-3 C0030